C.H.BECK WISSEN

Selbst im welthistorischen Vergleich erweist sich kaum ein Denker so wirkmächtig wie Karl Marx. Der Philosoph und Ökonom, der am 5. Mai 1818 in Trier geboren wurde, wollte den modernen Kapitalismus zugleich erklären und überwinden. Er hat grandiose Pamphlete wie das *Kommunistische Manifest* und große wissenschaftliche Werke wie das *Kapital* verfasst, sich darüber hinaus unermüdlich publizistisch und politisch engagiert. Die Berufung auf sein Werk und die Bekämpfung seiner Wirkung haben das Ringen der politischen Systeme und Weltanschauungen im 20. Jahrhundert geprägt. In dieser kleinen Biographie wird die Verflechtung von Marx' Lebensweg und -werk ebenso erhellt wie die Differenzen zwischen zeitgenössischer Wahrnehmung und späteren Auslegungen seiner Schriften.

Wilfried Nippel ist Professor für Alte Geschichte und lehrt auch nach seiner Emeritierung an der Humboldt-Universität zu Berlin. Im Verlag C.H.Beck ist von ihm lieferbar: *Johann Gustav Droysen. Ein Leben zwischen Wissenschaft und Politik* (2008).

Wilfried Nippel

KARL MARX

Verlag C.H.Beck

Originalausgabe

Satz: C.H.Beck.Media.Solutions, Nördlingen
Druck und Bindung: Druckerei C.H.Beck, Nördlingen
Reihengestaltung: Uwe Göbel, München
Umschlagabbildung: Karl Marx, Porträt von P. Nasarov
und N. Gereljuk, um 1920; © akg-images
Printed in Germany
ISBN 978 3 406 71418 4

www.chbeck.de

Inhalt

I. Einleitung

Als Karl Marx am 14. März 1883 in London gestorben war, rühmte ihn sein Freund, Koautor und Mäzen Friedrich Engels als einen Wissenschaftler, dessen Erkenntnis der «Entwicklungsgesetze der menschlichen Geschichte» ein Pendant zu Darwins Entdeckung des «Gesetz[es] der Entwicklung der organischen Natur» darstelle. Aber Marx als Wissenschaftler «war noch lange nicht der halbe Mann. Die Wissenschaft war für Marx eine geschichtliche bewegende, eine revolutionäre Kraft.» Marx sei «vor allem Revolutionär» gewesen, der für den «Sturz der kapitalistischen Gesellschaft» und die «Befreiung des modernen Proletariats» gearbeitet habe. Das habe er mit «Kampfbroschüren [...], Arbeit in Vereinen in Paris, Brüssel und London» und seinem Engagement in der *Internationalen Arbeiter-Assoziation* (IAA) 1864–1872 getan.

Tatsächlich war Marx seinen Zeitgenossen vor allem als Politiker, Pamphletist und Journalist, als Wissenschaftler dagegen nur in der Hinsicht bekannt, dass er die definitive Theorie zu liefern versprach, welche die Unausweichlichkeit der Überwindung des Kapitalismus beweise. Der Kampf um die Rolle des «Cheftheoretikers» in der deutschen und internationalen sozialistischen Bewegung hat sein Leben bestimmt.

Der folgende knappe Lebensabriss konzentriert sich darauf, wie Marx von seinen Zeitgenossen wahrgenommen werden konnte. Es geht um seine ‹äußere› Biographie, nicht um seine intellektuelle Entwicklung. Deshalb stehen die von ihm zu Lebzeiten publizierten Schriften im Vordergrund, mögen sie auch der Nachwelt manchmal als ephemer erscheinen, und nicht die Texte, die oft erst Jahrzehnte nach seinem Tod ediert und im Nachhinein als grundlegend für seine Theorie verstanden worden sind.

Auch bei den Publikationen zu Lebzeiten ist zu unterscheiden, ob sie Marx unter seinem Namen veröffentlicht hat, ob (gegebenenfalls mit zeitlichem Abstand) seine Urheberschaft bekannt wurde oder ob sie anonym erschienen und er erst in den Editionen des 20. Jahrhunderts als Verfasser identifiziert worden ist. Letzteres gilt vor allem für eine Vielzahl von journalistischen Arbeiten – annähernd 2000 Beiträge –, die oft erst aufgrund der systematischen Durchsicht von Presseorganen identifiziert worden sind und den Gesamtumfang der selbständig erschienenen Schriften übersteigen. Auf jeder Stufe der Edition sind erstmals Marx (und/oder Engels) zugeschriebene Texte hinzugekommen, wurden andere, in frühere Sammlungen aufgenommene, wieder aussortiert oder auf den Status von Zweifelsfällen reduziert. Das wird sich noch fortsetzen. Dass das Werk eines ‹Klassikers› posthum wächst, ist nicht ungewöhnlich, wohl aber, dass es gleichzeitig auch wieder schrumpft.

Die Kenntnis über Leben und Werk von Marx beruht in hohem Maße auf der Auswertung seiner Briefe. Das gilt besonders für die Korrespondenz mit Engels, vor allem für die Zeit von 1850 bis 1870. Engels hatte die Publikation dem SPD-Vorsitzenden August Bebel und dem Parteiintellektuellen Eduard Bernstein anvertraut. Als man sich nach langen politischen und persönlichen Querelen ab 1910 an die Edition machte, war man entsetzt wegen der oft unflätigen Sprache, der wüsten Beschimpfungen anderer, etwa der in der Partei hochverehrten Gründergestalten Ferdinand Lassalle und Wilhelm Liebknecht, und der Einblicke in die Abgründe der Emigrantenpolitik der 1850er Jahre. Die schlimmsten Passagen wurden stillschweigend weggelassen oder stark gekürzt (ein seinerzeit durchaus übliches Vorgehen). In der ersten (bald abgebrochenen) Marx-Engels-Gesamtausgabe unter Leitung des großen russischen Marx-Forschers David Rjazanov ist der Briefwechsel um 1930 ‹unzensiert› veröffentlicht worden. Diese, oft mehrmals in einer Woche gewechselten Briefe behandeln in bunter Mischung private, politische, wissenschaftliche Fragen wie in einem intimen Gespräch, sind nicht also wie so viele andere im 19. Jahrhundert im Hinblick auf eine spätere Veröffentlichung geschrieben worden. Das gilt auch für viele an dritte Personen gerichtete Briefe (die in die späteren Editionen aufgenommen worden sind), auch wenn hier, je nach Adressat, mit taktisch bedingten Aussagen zu rechnen ist. Aus den Marx'schen Briefen sind immer wieder die Entwicklung seiner Gedankenwelt, die Entstehung und Selbstinterpretation seiner Schriften, die Motivation seiner publizistischen und politischen Aktivitäten erschlossen worden. Da es hier um die den Zeitgenossen bekannte öffentliche Figur Marx geht, wird dies weitgehend vermieden, auch wenn dies mit dem schmerzhaften Verzicht auf viele ‹knackige› Zitate verbunden ist.

Selbstdarstellungen seiner politischen und wissenschaftlichen Biographie hat Marx in verschiedenen Kontexten vorgenommen, so im Vorwort von *Zur Kritik der politischen Ökonomie* 1859 oder in *Herr Vogt* 1860. Engels hat dies mit biographischen Skizzen über Marx, die schon zu dessen Lebzeiten erschienen sind, und mit Darstellungen über dessen politische Rolle in Arbeiten wie «Marx und die ‹Neue Rheinische Zeitung›» (1884) und «Zur Geschichte des Bundes der Kommunisten» (1885) fortgesetzt. Damit etablierte er die Deutungshoheit über die geschichtliche Rolle von Marx. Dieses Bild ist in späterer ‹orthodoxer› Literatur reproduziert worden, die Nachwirkungen sind immer noch spürbar, worauf öfters hinzuweisen sein wird.

Engels sorgte während der zwölf Jahre zwischen Marx' und seinem eigenen Tod (1895) dafür, dass wichtige, unveröffentlichte oder vergessene Texte von Marx überhaupt erst bekannt wurden. Damit wurde eine erste Stufe der Kanonisierung erreicht, ohne welche die Genese von ‹Marxismus› nicht möglich gewesen wäre.

Vieles kann auf beschränktem Raum nur gestreift oder muss ganz weggelassen werden. Das betrifft auch das in vielem ungewöhnliche Privatleben von Marx. Politik und Publizistik wurden zum Teil als Familienbetrieb geführt; Ehefrau Jenny und später die Töchter Jenny und Laura wirkten als Sekretärinnen, die Texte in Reinschrift brachten, einen Teil der Korrespondenz selbständig erledigten, manchmal auch eigene Artikel veröffentlichten. Durch die Ehen der beiden Töchter mit französischen Sozialisten diffundierten manche Vorstellungen von Marx in Frankreich, bevor seine Texte zugänglich waren. Die jüngste

Tochter Eleanor hat sich nach dem Tod ihres Vaters als sozialistische Politikerin und Publizistin in England profiliert. Laura und Eleanor haben Übersetzungen von Marx-Texten vorgenommen oder an ihnen mitgewirkt. Sie haben von Engels auch die Verfügung über einen Teil des Nachlasses erstritten – mit für die Editionsgeschichte negativen Folgen. Dem Voyeurismus der Nachwelt, die über das Liebes-, Ehe- und Familienleben berühmter Personen gern alles wissen möchte, haben Laura und Eleanor durch Vernichtung der meisten Familienbriefe vorsorglich gewehrt.

II. Der junge Marx

Über Kindheit und Jugend von Marx ist vergleichsweise wenig bekannt.

Der familiäre Hintergrund

Karl Marx wurde am 5. Mai 1818 in Trier als drittes Kind von Heinrich (* 1777) und Henriette Marx, geb. Presburg (* 1788) geboren, dem noch sechs weitere Geschwister folgen sollten.

Die Eltern stammten aus jüdischen Familien. Der Vater von Heinrich Marx hatte als Rabbiner in Saarlouis und von 1788 bis zu seinem Tode 1804 in Trier gewirkt. Dort gab es eine relativ kleine jüdische Gemeinde mit etwa einhundert Mitgliedern auf ca. 9000 Einwohner. Der in Preßburg (Bratislava) geborene Vater von Henriette Marx war um 1775 in die Niederlande gezogen und hatte es dort zu beachtlichem Wohlstand gebracht. Henriettes jüngere Schwester heiratete den Geschäftsmann Lion Philips, dessen Nachkommen den gleichnamigen Konzern begründen sollten.

Henriette brachte eine stattliche Mitgift in die 1814 geschlossene Ehe ein. Heinrich Marx, der ursprünglich als Verwaltungssekretär der jüdischen Gemeinde in Trier, ab 1811 als Gerichtsdolmetscher in Osnabrück tätig gewesen war, konnte in Trier eine Anwaltskanzlei eröffnen. Die Befähigung dazu hatte er in einem zehnmonatigen Kurzstudium an der Rechtsschule in Koblenz, einer französischen Gründung, erworben. Als Trier nach zwei Jahrzehnten Zugehörigkeit zu Frankreich 1815 Preußen eingegliedert wurde, zeichnete sich ab, dass die zuvor erreichte zivilrechtliche Gleichstellung der Juden wieder eingeschränkt würde, was auch die Zulassung zur Anwaltschaft betraf. Vermutlich deshalb konvertierte Heinrich Marx um 1819 zum Protestantismus. Der Schritt scheint nicht leichtgefallen zu sein, da die Kinder (einschließlich Karl) erst 1824 getauft wurden, die Ehefrau ein Jahr später. Heinrich Marx konnte mit seiner florierenden Kanzlei das Familienvermögen mehren und stieg zu einem angesehenen Mitglied der Trierer Gesellschaft auf, war lange Vorsteher der Trierer Anwaltschaft.

Mit seinem Vater hat Marx sich wohl bis zu dessen Tod 1838 insgesamt gut verstanden. Seine Mutter begegnet bis zu ihrem Tod Ende 1863 nur als Objekt von ständigen Bemühungen, Vorschüsse auf sein Erbe zu erhalten. Ihr Vermögen wurde nach dem Tod ihres Mannes von Lion Philips verwaltet.

Über die Bedeutung der jüdischen Herkunft für die Entwicklung von Karl Marx ist unendlich spekuliert worden. Für ihn war dies kein Thema. Marx hat ab 1830 das Trierer Gymnasium besucht und dort im September 1835 das Abitur mit guten, aber nicht herausragenden Ergebnissen abgelegt. Die 1925 publizierten Abituraufsätze lassen sich nur mit größter Anstrengung als Vorzeichen der weiteren intellektuellen Entwicklung deuten, obwohl dies, wie bei später bedeutenden Personen üblich, immer wieder geschieht.

Im Herbst 1836 verlobte sich der 18-jährige Marx heimlich mit der vier Jahre älteren, ihm seit Kindertagen bekannten Jenny von Westphalen, Tochter des 1816 als Regierungsrat von Salzwedel nach Trier versetzten Ludwig von Westphalen. Ihre Titulierung als «Ballkönigin und schönstes Mädchen von Trier» geht auf einen Brief von Marx an sie von 1863 zurück. Wegen des Übergehens der Eltern, des ungewöhnlichen Altersunterschiedes und der ungesicherten Position von Marx stieß diese Verbindung anfänglich auf Vorbehalte der Familien. Jennys

Vater entwickelte aber eine Zuneigung zu Marx. Westphalen hatte Interesse an sozialen Fragen; Marx hat in den 1870er Jahren erzählt, von ihm habe er erstmals von den Ideen von Henri de Saint-Simon (zu einer von Technokraten gelenkten Planwirtschaft) gehört.

Die Westphalens waren eine zum gehobenen Beamtenstand zählende Familie ohne nennenswertes Vermögen, gehörten nicht zum preußischen Hochadel, wie Jenny später gern suggerierte. Ihr Vater hatte in Trier die letzte Stufe seiner Laufbahn erreicht. Ihr Halbbruder Ferdinand machte eine beachtliche Beamtenkarriere und wurde schließlich 1850–1858 preußischer Innenminister.

Der Student

Marx hatte gemäß der Vorgabe des Vaters zum Wintersemester 1835/36 ein Jurastudium in Bonn aufgenommen, belegte auch Vorlesungen in Klassischer Philologie und Kunstgeschichte. Dass er einmal eine eintägige Karzerstrafe wegen nächtlicher Ruhestörung im betrunkenen Zustand erhielt, zeigt ihn als ‹normalen› Studenten. Ansonsten gibt es zu seiner Bonner Zeit mehr Spekulationen als verlässliche Informationen.

Zum Wintersemester 1836/37 wechselte Marx an die Berliner Universität. Er besuchte juristische Vorlesungen, betrieb daneben ein Studium generale in geisteswissenschaftlichen Fächern. Dass er in Jura bei Eduard Gans promoviert hätte, wenn dieser nicht im Mai 1839 überraschend mit 41 Jahren gestorben wäre, ist Spekulation. Marx hatte sich schon zuvor auf Selbststudium und den Austausch im «Doktorclub» verlegt. Spiritus rector dieses Doktorandenzirkels war der Privatdozent der Theologie Bruno Bauer.

Bauer wurde im Herbst 1839 vom preußischen Kultusministerium wegen Konflikten mit dem Alttestamentler Ernst Wilhelm Hengstenberg, Repräsentant der Luther-Orthodoxie, nach Bonn versetzt, mit der Aussicht, dort demnächst eine besoldete Professur zu erhalten. Bauer drängte Marx, schnell zu promovieren und sich dann in Bonn für Philosophie zu habilitieren.

Marx begann im Herbst 1839 ernsthaft an einem Thema zur

antiken Philosophie zu arbeiten. Zur Überraschung von Bauer reichte er seine Dissertation in Jena ein. Jena war als ‹Doktorfabrik› bekannt, deren schlecht bezahlte Professoren allein an den Gebühren interessiert waren. In Jena konnte man *in absentia*, ohne mündliche Prüfung, promovieren und eine auf Deutsch geschriebene Arbeit einreichen, auch in handschriftlicher Fassung. In Berlin wurde dagegen eine gedruckte Dissertation in lateinischer Sprache gefordert; für die lateinische Fassung professionelle Hilfe in Anspruch zu nehmen, war zulässig, kostete aber Zeit und Geld. Nach Annahme der Dissertation fand eine mündliche Prüfung statt, an der neben den fachnahen Gutachtern jeder Ordinarius der Fakultät teilnehmen konnte. Die öffentliche Disputation in lateinischer Sprache, die innerhalb von sechs Monaten nach der Prüfung stattzufinden hatte, war nur noch ein Formalakt.

In Jena ging alles ganz schnell. Marx schickte seine Arbeit am 6. April 1841 aus Berlin ab, angenommen wurde sie schon am 13. April, die Urkunde zwei Tage später ausgestellt. Der Dekan hatte festgestellt, die Dissertation zeuge von «Geist, Scharfsinn und Belesenheit»; die übrigen Ordinarien (nur sieben) stimmten im Umlauf zu. Es ist unwahrscheinlich, dass irgendeiner die Arbeit gelesen hat.

Eine zählebige Legende lautet, Marx sei wegen eines zunehmend reaktionären Klimas in Berlin nach Jena ausgewichen. Marx war politisch nicht aufgefallen. Die möglichen Prüfer hätten in ihm nicht einen gefährlichen Radikalen, sondern einen ihnen unbekannten Kandidaten gesehen. Marx war Ende 1840 nach vierjährigem Studium zwangsexmatrikuliert worden. Bei Neuimmatrikulation (und Fakultätswechsel) wären zusätzliche Gebühren angefallen. Das von der Mutter für Promotionszwecke überwiesene Geld war längst verbraucht. Zeit- und Geldgründe erklären hinreichend, warum die Dissertation in Jena eingereicht wurde.

Man weiß nicht, wie Marx auf sein Thema *Differenz der demokritischen und epikureischen Naturphilosophie* gekommen ist. Seitdem eine von ihm vorbereitete Druckfassung teilweise 1902, vollständig 1927 zugänglich wurde, ist evident, dass es, anders als angesichts des Promotionsverfahrens zu erwarten, eine höchst anspruchsvolle, primär philologische Arbeit war. Von den nur indirekt überlieferten Autoren Demokrit (gest. zwischen 380 und 370 v. Chr.) und Epikur (341–270 v. Chr.) gab es damals noch keine Sammlungen von Fragmenten, so dass Marx sich seine Materialbasis für den diffizilen Vergleich durch Durchsicht einer Vielzahl späterer, Paraphrasen und Zitate bietenden Quellen selbst erarbeiten musste.

Sein weitergehendes Erkenntnisinteresse lässt sich aus wenigen Andeutungen erschließen. Er wollte Epikur als Quasi-Atheisten würdigen, der die Autonomie des Menschen in Absetzung vom Götterglauben beschwor. Marx verstand dies als Ergänzung und Korrektur von Hegels Philosophiegeschichte, welche die nacharistotelische Philosophie nicht hinreichend gewürdigt habe. Dies korrespondierte mit dem Interesse anderer Hegelianer: Wenn es nach Aristoteles noch Philosophie geben konnte, die diesen Namen verdiente, dann war dies auch nach Hegel möglich.

Marx war im Juli 1841 noch in der Hoffnung auf eine akademische Karriere nach Bonn umgezogen. Diese Ambition musste er aufgeben. Abgesehen davon, dass die Anerkennung seiner Jenaer Dissertation in Bonn nicht reibungslos erfolgt wäre, lag dies daran, dass Bauer im Juni 1841 mit einer ‹Selbstanzeige› beim preußischen Kultusminister ein Verfahren über seine Tragbarkeit als Theologie-Dozent provoziert hatte. Die zur Stellungnahme aufgeforderten theologischen Fakultäten Preußens kamen zu keinem einhelligen Votum, doch wurde Bauer im März 1842 aus anderem Anlass die Lehrbefugnis entzogen.

Journalistische Anfänge

Wie vielen anderen Akademikern, die keine Anstellung im Staatsdienst fanden, blieb Marx nur die Möglichkeit, sich publizistisch zu betätigen. Eine Chance dafür bot die *Rheinische Zeitung* in Köln. Träger war eine im Dezember 1841 gegründete Kommanditgesellschaft auf Aktien, die keiner staatlichen Genehmigung unterlag. Es war das erste Mal, dass diese Rechtsform für eine Zeitung genutzt wurde. Es gab keinen Eigentümer, der die Linie des Blattes bestimmen konnte, nur einen Aufsichtsrat. Die Aktien waren breit gestreut, eine Einflussnahme durch Großaktionäre ausgeschlossen. «Ko-Geranten», persönlich haftende Gesellschafter (während der «Gerant» Konzessionsnehmer und presserechtlich verantwortlich war) waren zwei, zu Bankiersfamilien zählende Rechtsreferendare, Georg Jung und Dagobert Oppenheim. Sie standen nicht nur mit Kreisen des Kölner Wirtschaftsbürgertums (Gustav Mevissen, Ludolf Camphausen u. a.) in Verbindung, sondern auch mit einem Zirkel von Intellektuellen, die offen für radikale Ideen waren. Um Anwerbung von Mitarbeitern für das Blatt kümmerte sich Moses Hess, ein Bekannter von Jung. Hess war einer der ersten Verfechter kommunistischer Ideen in Deutschland im Sinne einer Aufhebung des Privateigentums. Auch deshalb wurde er vom Aufsichtsrat nicht, wie er erwartet hatte, zum verantwortlichen, sondern nur zum stellvertretenden Redakteur gemacht. Im Dezember 1842 ging Hess als Korrespondent nach Paris.

Die Zeitung war seit 1. Januar 1842 erschienen. Als Hauptredakteur wurde Ende Januar Adolf Rutenberg eingestellt, ein Bekannter von Marx aus dem Berliner «Doktorclub».

Die Gründung der Zeitung war von den preußischen Behörden begrüßt worden, weil sie ein Gegenpol zum lokalen Monopolisten *Kölnische Zeitung* (mit Affinität zu Katholizismus und rheinischem Partikularismus) zu werden versprach. Da die Zeitung zunehmend regierungskritische Positionen einnahm, kam es seit Frühjahr 1842 zu einem andauernden Gezerre zwischen den verschiedenen Behörden über die angemessene Reaktion. Beteiligt waren die gemeinsam für die Zensur verantwortlichen Ministerien für Inneres, Geistliche Angelegenheiten und Äußeres, der Oberpräsident der Rheinprovinz und der Kölner Regierungspräsident. Es kam mehrfach zum Austausch der für die Zensur am Ort zuständigen (und damit überforderten) Beamten niederen Ranges. Nachdem sich im Januar 1843 Zar Nikolaus I. massiv über Artikel zur russischen Politik in Polen beschwert hatte, verfügten die Zensurminister am 21. Januar 1843 zum Quartalsende die Schließung des Blatts.

Seit Mai 1842 hatte Marx Artikel geliefert. Da die Träger der

Zeitung mit Rutenberg zunehmend unzufrieden waren beziehungsweise unter den Druck der Behörden gerieten, übertrugen sie dem 24-jährigen Marx Mitte Oktober 1842 de facto die Chefredaktion; Marx hatte sich dafür Jung und Oppenheim selbst angeboten. Er wird ein gutes Gehalt bezogen haben; das Jahresgehalt von Hess, 600 Taler, gibt einen Anhaltspunkt. Marx gelang es, die Abonnentenzahl von ca. 900, mit der die Zeitung nicht hätte überleben können, auf über 3400 (Anfang 1843) zu steigern. Die tatsächliche Leserschaft von Zeitungen war viel größer; Nachdrucke und Referate in anderen Zeitungen sorgten für weitere Multiplikation.

Den Behörden blieb die Funktion von Marx verborgen. Auch die sonst gut informierten Agenten der österreichischen Polizei durchschauten das Spiel nicht. Erst dem letzten, aus dem Berliner Innenministerium nach Köln beorderten Zensor wurde Ende Februar 1843 die Rolle von Marx völlig klar. Zur gleichen Zeit erschien in der dezidiert demokratischen *Mannheimer Abendzeitung* ein Artikel, in dem Marx als leitender Kopf des Blattes und als Verfasser bestimmter, die politischen Instanzen besonders provozierender Artikel benannt wurde. Die Informationen waren so präzise, dass Marx als Quelle vermutet werden kann.

Seit Mitte Februar bemühten sich die Anteilseigner, die Zeitung durch Konzessionen an die Regierung zu retten. Am 18. März 1843 ließ Marx eine lapidare Erklärung erscheinen, dass er wegen der «jetzigen Censurverhältnisse» aus der Redaktion ausscheide. Diese Mitteilung wurde von weiteren Zeitungen nachgedruckt. Mit diesem ‹großen Abgang› wurde Marx erstmals einer breiten, überregionalen Öffentlichkeit bekannt.

Marx hat 1859 geschrieben, er sei damals erstmals «in die Verlegenheit [gekommen], über sogenannte materielle Interessen mitsprechen zu müssen». Das hatte noch nichts mit Kapitalismus-Kritik zu tun, da die Zeitung für wirtschaftsliberale Positionen eintrat und Marx sich in eigenen Artikeln zu ökonomischen Problemen (Holzdiebstahl; Lage der Winzer) auf Rechtsfragen und die Inkompetenz der Regierung konzentrierte. Zugleich, fuhr Marx fort, habe er sich erstmals mit Ausstrahlungen des französischen Sozialismus und Kommunismus beschäftigen müssen. Dies bezog sich zum einen auf einen Schlagabtausch mit der Augsburger *Allgemeinen Zeitung*, welche der *Rheinischen Zeitung* kommunistische Tendenzen unterstellt hatte, zum anderen darauf, dass Marx die aus den Berliner linkshegelianischen Kreisen (einschließlich Bruno Bauer und dessen Bruder Edgar) eingesandten Korrespondenzen, die ihm als realitätsfremde Mischung aus Atheismus und Kommunismus erschienen, nicht mehr in das Blatt aufnahm bzw. der Zensur als ‹Streichangebot› präsentierte.

Diese Haltung schlug auch auf eine erste, kühl verlaufende Begegnung von Marx mit Friedrich Engels im November 1842 zurück, da Engels nach Wahrnehmung von Marx eine zu große Nähe zu den Berliner Kreisen zeigte. Engels, geboren 1820, war Sohn eines Textilfabrikanten aus Barmen. Er hatte das Gymnasium vor dem Abitur verlassen, um eine kaufmännische Ausbildung zu machen. In Berlin hatte er seinen Militärdienst abgeleistet und zugleich als Gasthörer Vorlesungen an der Universität besucht. Er befand sich damals auf dem Weg nach Manchester, wo er in einer Baumwollspinnerei, an der sein Vater beteiligt war, seine Ausbildung fortsetzen sollte.

‹Marx und die *Rheinische Zeitung*› ist ein schlagendes Beispiel dafür, wie posthum die Kenntnis von seinen Arbeiten gewachsen ist und welch unterschiedliche Sichtweisen sich ergeben, je nachdem, ob man auf die zeitgenössische Wirkung schaut, die von dem Publikumsorgan als Ganzes ausging, oder auf die Entwicklung von Marx. Als Engels 1895 Pläne für eine Ausgabe früher Schriften von Marx machte, war er sich nicht sicher, welche Artikel in der *Rheinischen Zeitung* genau dazu zählten. In die Sammlung von Franz Mehring (1902) sind nur fünf Artikel aufgenommen worden, in die letzte Ausgabe (1975) aufgrund späterer Identifizierungen 31.

Nachdem das Ende der Zeitung beschlossen war, suchte Marx nach einer beruflichen Möglichkeit, die er nach Lage der Dinge nur im Ausland finden könne, und die ihm erlaube, nach siebenjähriger Verlobung endlich heiraten zu können. (1859 heißt es, er habe das Verbot der Zeitung «begierig» zum Anlass genommen, sich «von der öffentlichen Bühne in die Studierstube zurückzuziehn».) Er stand schon seit längerem im Kontakt mit Arnold Ruge, dem Herausgeber der *Deutschen Jahrbücher für Wissenschaft und Kunst*, ‹Zentralorgan› der ‹Linkshegelianer›. Die Zeitschrift war im Januar bzw. Mai 1843 in Sachsen, dann im gesamten Deutschen Bund verboten worden. Ruge plante ein Nachfolgeorgan, das im Ausland erscheinen sollte. In der Korrespondenz zwischen Marx und Ruge, bei einem längeren Aufenthalt von Marx in Dresden im Mai und einem späteren Treffen mit Ruge in Bad Kreuznach entwickelte sich das Projekt, gemeinsam in Paris *Deutsch-Französische Jahrbücher* herauszugeben; im September hat man sich definitiv geeinigt.

Am 19. Juni 1843 heirateten Karl und Jenny in Bad Kreuznach, wo Jennys Mutter Caroline inzwischen lebte. Der Umzug nach Paris fand Ende Oktober statt.

III. Die erste Station im Exil: Paris

Marx verbrachte insgesamt fünfzehn Monate in Paris, bis zu seiner Ausweisung am 1. Februar 1845. Sein Schicksal wurde dadurch bestimmt, dass seine publizistischen Unternehmungen zunehmend ins Visier der preußischen Regierung gerieten.

Die Deutsch-Französischen Jahrbücher

Die *Deutsch-Französischen Jahrbücher* (= DFJ) sollten ein Forum für den Austausch zwischen deutschen und französischen ‹Radikalen› unterschiedlicher Couleur bieten. Paris war der ideale Ort, da sich hier zahlreiche deutsche Autoren, Journalisten, Künstler, Intellektuelle, politische Flüchtlinge aufhielten. Die Bemühungen um französische Autoren blieben ohne Erfolg. Obwohl es an der Zusammenarbeit zwischen Marx und Ruge haperte, konnte Ende Februar 1844 ein Doppelheft der Zeitschrift erscheinen. Es enthielt (außer zwei Beiträgen von Marx und Engels, auf die noch zurückzukommen ist) Texte von Ruge,

Moses Hess, Ferdinand Coelestin [= Karl Ludwig] Bernays (ehemaliger Redakteur der *Mannheimer Abendzeitung*), dazu ein Spottgedicht von Heinrich Heine auf den bayrischen König Ludwig I. und ein Gedicht von Georg Herwegh gegen die Unfreiheit in Deutschland. Bald danach musste die Fortführung aufgrund von finanziellen Schwierigkeiten und Unstimmigkeiten zwischen Ruge und Marx aufgegeben werden. Ruge hat Marx das zugesagte Gehalt als Redakteur (500 Taler oder mehr pro Jahr) nicht einmal anteilig gezahlt, sondern ihn mit Exemplaren der Zeitschrift entschädigt, die Marx selbst in Deutschland verkaufen solle.

Wegen einer Weiterführung der Zeitschrift wandte Marx sich an ehemalige Aufsichtsräte und Aktionäre der *Rheinischen Zeitung*. Aus diesem Kreis wurden Mitte März 1844 1000 Taler für Marx gesammelt, die als Anerkennung seiner Leistung bei der Zeitung zu verstehen seien; weitere persönliche Unterstützung wurde in Aussicht gestellt; eine Fortführung der DFJ hielt man jedoch nicht für aussichtsreich.

Der Vertrieb nach Deutschland war durch Beschlagnahmungen behindert worden. Insgesamt dürften 500 Exemplare eingezogen worden sein. Fraglich ist, ob die Auflage, wie von Ruge angegeben, bei 3000 gelegen hat. Das wäre jedenfalls sehr optimistisch gewesen.

Politische und publizistische Aktivitäten von Emigranten wurden von den französischen Behörden beobachtet, die eine Kooperation mit der einheimischen Opposition befürchteten. Hinzu kamen die Nachforschungen der von den Botschaften der Heimatländer engagierten Spitzel. Die Schritte von Ruge und Marx sind von Anfang an überwacht worden. Gut eine Woche nach Erscheinen des Zeitschriftenheftes meldete am 8. März 1844 der preußische Gesandte in Paris an seine Regierung, es enthalte verbrecherische Angriffe auf deutsche Monarchen. Das preußische Innenministerium erließ am 16. April Haftbefehle gegen Ruge, Marx, Heine und Bernays wegen «versuchten Hochverrats und Majestätsbeleidigung». Wegen der DFJ ist der preußische Gesandte wiederholt bei der französischen Regierung vorstellig geworden.

Der Vorwärts! und die Ausweisung aus Paris

Seit dem 1. Januar 1844 erschien zweimal wöchentlich *Vorwärts! Pariser Signale aus Kunst, Wissenschaft, Theater, Musik und geselligem Leben.* Herausgeber war der Theatermann Heinrich von Börnstein. Die Redaktion teilte er sich mit Adalbert von Bornstedt. Bornstedt, ehemals preußischer Leutnant und Mitglied der französischen Fremdenlegion, berichtete seit einigen Jahren für deutsche Blätter aus der Emigrantenszene, ließ sich auch von der österreichischen und preußischen Regierung für Informationen und die Lancierung regierungsfreundlicher Artikel bezahlen. Bornstedt schied nach einigen Monaten auf preußischen Druck hin aus der Redaktion des *Vorwärts* aus.

Am 1. Juli 1844 übernahm Bernays die Redaktion. Berichte über den schlesischen Weberaufstand und andere Unruhen in Deutschland zeigten die neue Ausrichtung des Blattes. Darauf folgte ein weiterer preußischer Haftbefehl gegen den Herausgeber Börnstein.

In den Redaktionsversammlungen, in denen ein gutes Dutzend Mitarbeiter über den Kurs der Zeitung berieten, fanden sich auch Mitglieder des Pariser *Bundes der Gerechtigkeit* (S. 22) ein. Wie weit der Einfluss von Marx ging, ist nicht auszumachen. Er hat nur einen namentlich gezeichneten Artikel veröffentlicht, eine Würdigung des Aufstandes der schlesischen Weber als Beginn einer revolutionären Arbeiterbewegung, und anonym einen weiteren, mit Spott über den preußischen König Friedrich Wilhelm IV. Marx drängte aber Ruge aus dem Blatt. Marx hielt den Kontakt mit Heine, der sich von Mitte Juli bis Mitte Oktober 1844 in Hamburg aufhielt; Heines *Deutschland – Ein Wintermärchen* wurde in Fortsetzungen im *Vorwärts* gedruckt.

Der preußische Gesandte unternahm weitere Demarchen bei der französischen Regierung. Der französische Regierungschef François Guizot begegnete den preußischen Forderungen nach Ausweisungen dilatorisch, stellte aber klar, dass er im Falle des berühmten Heine nicht zustimmen werde. Den preußischen Forderungen gab Guizot am 20. Dezember 1844 grundsätzlich nach. Man einigte sich auf Börnstein, Bernays, und Marx. Ruge kam im Januar 1845 auf die Liste. Die Ausweisungsbeschlüsse wurden von der Regierung am 11. Januar 1845 gefasst; die Zustellung an Marx verzögerte sich, da den Behörden seine Adresse nicht bekannt war. Marx meldete sich am 25. Januar bei der Polizei. Er erhielt die Verfügung, Frankreich innerhalb von acht Tagen zu verlassen. Er hat das zunächst nicht ganz ernst genommen, reiste dann am Nachmittag des 1. Februar 1845 nach Belgien ab; begleitet wurde er von dem Kölner Heinrich Bürgers, einem Mitarbeiter beim *Vorwärts.* Ehefrau Jenny folgte mit der kleinen Tochter gleichen Namens (* 1. Mai 1844) bald darauf.

Die Ausweisungen von Bernays, Börnstein, Ruge sind aus unterschiedlichen Gründen aufgehoben worden. Marx war der Einzige, der das Land verlassen musste.

Bernays hat damals lanciert, die Ausweisungen seien erfolgt, als Alexander von Humboldt im Auftrag des Königs am französischen Hof den Druck erhöht habe. Das ist in Emigrantenkreisen geglaubt worden, woran rasche Dementis nichts änderten. Es gibt keine Belege für eine solche Rolle Humboldts, nur die Koinzidenz zwischen seinem Eintreffen in Paris am 4./5. Januar 1845 und den Ausweisungsverfügungen bald danach. Die Geschichte ist später von Engels aufgenommen worden und blieb lange in der Welt.

Begegnung mit dem Kommunismus

Die Bezeichnung Kommunisten war in den späten 1830er Jahren in Frankreich aufgekommen, zuerst für Verschwörergruppen, die in der Tradition François Noël Babeufs einen Umsturz der Gesellschaftsordnung anstrebten. Babeuf war in der Französischen Revolution als Verfechter eines «Agrargesetzes» hervorgetreten, mit dem eine egalitäre Neuverteilung von Grund und Boden erreicht werden sollte. Das scheiterte an der jakobinischen Regierung. Nach deren Sturz setzte er seine Agitation fort, legte sich in Erinnerung an die berühmten römischen Volkstribune den Namen Gracchus zu und nannte sein Presseorgan *Le Tribun du Peuple.* In der Zeit des Direktoriums setzte Babeuf nicht mehr auf die Mobilisierung der Unterschichten, sondern die Organisation von gegeneinander abgeschotteten, von einer Zentrale gesteuerten Zellen, die einen gewaltsamen Umsturz herbeiführen sollten. Ziel war jetzt die Überführung des gesamten Landes in Gemeineigentum und eine auf Organisation von Produktion und Konsumtion beruhende Gesellschaftsordnung. Der Anfang sollte mit den zuvor konfiszierten Gütern gemacht werden.

Die von Babeuf 1796 organisierte «Verschwörung der Gleichen» war chancenlos gewesen, zumal die Regierung über die Aktivitäten der Verschwörer bestens informiert gewesen war. Prozess und Hinrichtung (27.5.1797) verschafften Babeuf eine Prominenz, wie er sie zuvor nie gefunden hatte.

Für eine Renaissance «babouvistischer» Konzeptionen hat die Darstellung der Verschwörung Babeufs durch dessen einstigen Mitstreiter Filippo Buonarroti 1828 gesorgt, in der auch Texte der Gruppe publiziert worden sind. In einem Sylvain Maréchal zugeschriebenem Manifest ist am deutlichsten die Idee formuliert, dass es um die letzte Revolution der Weltgeschichte gehe: «Die französische Revolution ist nur die Vorläuferin einer anderen, weit größeren, weit ernsteren Revolution, die ihrerseits die letzte sein wird.»

Buonarottis Buch wurde zum «Evangelium der französischen Proletarier» (Karl Grün 1845), die Darstellung eines kompletten Scheiterns als Verheißung eines zukünftigen Sieges wahrgenommen. Es wurde zu einem Handbuch der revolutionären Aktion für straff geführte Geheimgesellschaften. Diese unternahmen in den 1830er Jahren verschiedene Aufstandsversuche, zuletzt unter Führung von Auguste Blanqui im Mai 1839.

Als Kommunisten galten seit Beginn der 1840er Jahre zunehmend alle, die eine egalitäre Gesellschaftsordnung errichten wollten, wie immer sie aussehen und unabhängig davon, ob dies mit friedlichen oder gewaltsamen Mitteln geschehen sollte.

Kontakte zu französischen Kommunisten hat Marx intensiv erst nach der Einstellung der DFJ aufgenommen. Zu den Diskussionspartnern gehörte Étienne Cabet; viele andere wären mit unterschiedlicher Sicherheit zu nennen. Für die spätere Entwicklung von Marx sind mehrere Begegnungen mit Pierre-

Joseph Proudhon im Oktober 1844 wichtig geworden. Proudhon war durch seine Ablehnung des Privateigentums, Entwürfe einer herrschaftsfreien Gesellschaftsordnung, somit als Begründer eines Staatsgewalt genauso wie revolutionäre Gewalt ablehnenden Anarchismus bekannt geworden. Die Gespräche mit ihm werden schwerlich so verlaufen sein, wie es Marx in seinem Nachruf auf Proudhon 1865 darstellen sollte: Marx als Nachhilfelehrer, der den begriffsstutzigen Autodidakten Proudhon vergeblich in Hegel einzuführen versuchte.

Marx hat 1860 geschrieben, er habe seinerzeit in Paris mit «den dortigen Leitern des ‹Bundes› wie mit den Führern der meisten französischen geheimen Arbeitergesellschaften» in Kontakt gestanden. Wer Letztere sind, ist nicht klar, da Führer wie Blanqui im Gefängnis saßen.

Der ‹Bund› ist der *Bund der Gerechtigkeit*; so lautete die Selbstbezeichnung; es gab auch die Variante *Bund der Gerechten* (= BdG), die in späteren Darstellungen üblich wurde.

Der 1836/37 gegründete BdG war eine Abspaltung aus dem seit 1834 in Paris bestehenden *Bund der Geächteten*. Letzterer war von deutschen Intellektuellen, die vor den politischen Verfolgungen (nach dem Hambacher Fest 1832) geflohen waren, und Handwerksgesellen gegründet worden. Die konspirative Organisation wollte einen politischen Umsturz in Deutschland mit dem Ziel der Errichtung einer Republik nach jakobinischem Muster herbeiführen. Da die Handwerker ihre Interessen nicht beachtet sahen, kam es zur Gründung des BdG. Er forderte eine Erweiterung der Bürger- und Menschenrechte um soziale Grundrechte: Recht auf Arbeit; Alters- und Invalidenversorgung; Genossenschaften und Nationalwerkstätten; Nationalbanken; kostenloser Unterricht; Progressivsteuern. Der BdG wollte eine grundsätzliche Umgestaltung der Gesellschaft durch Aufhebung des Privateigentums. Die Forderung nach «Gütergemeinschaft» müsse durch den Entwurf einer zukünftigen Gesellschaftsordnung konkretisiert werden.

Im Auftrag des BdG legte der gerade aus der Schweiz nach Paris gekommene Schneidergeselle Wilhelm Weitling 1838 eine Programmschrift vor, *Die Menschheit, wie sie ist und wie sie sein sollte*, der weitere Publikationen bis zu *Garantien der Harmonie und Freiheit* Ende 1842 folgten. Es ging um eine gesellschaftliche Organisation mit gleichem Recht auf und gleicher Pflicht zur Arbeit, wobei die Pflichtarbeit die Grundbedürfnisse absichere, durch zusätzliche freie Arbeit weitergehende individuelle Wünsche befriedigt werden könnten. Die Chance zur Verwirklichung durch eine Revolution hänge allein von Bewusstsein und Organisationsstärke der Arbeiter ab.

Als Weitling 1841 in die Schweiz ging und aus den dortigen deutschen Handwerkervereinen Gemeinden des BdG gründete, ging sein Einfluss in Paris zurück. Hier zeigte man sich zunehmend interessiert an der Utopie von Cabet, der einen Staat entwarf, der alle Arbeitsressourcen mobilisierte und einer perfekten Planung unterwarf, auch das Privatleben durchgehend regulierte. Dieses Ziel sollte in einem mehrstufigen, fünfzig Jahre dauernden Transformationsprozess erreicht werden.

Durch seine Nähe zum Pariser BdG, in dem er jedoch nicht Mitglied wurde, konnte Marx erkennen, wie groß der ‹Theoriebedarf› in dieser ersten Arbeiterorganisation war. Marx kam hier zum ersten Mal mit einem Arbeitermilieu in Kontakt, nur dass es sich um ein schmales Segment handelte.

Die Pariser Schriften

In den DFJ, die wegen der erwähnten Beschlagnahmungen in Deutschland wenig bekannt geworden sind, hat Marx im Februar 1844 «Zur Judenfrage» und «Zur Kritik der Hegelschen Rechtsphilosophie» veröffentlicht.

In «Zur Judenfrage» ist das Titelthema nur Aufhänger für die Behandlung einer anderen Problematik. Der Essay war eine ausgedehnte Besprechung zweier Arbeiten von Bruno Bauer, die darauf hinausliefen, dass Juden zur Erlangung voller Gleichberechtigung ihre Religion aufgeben müssten. Nach Marx greift das zu kurz; es gehe um einen weltanschaulich neutralen Staat, in dem Religion Privatsache sei. Die «politische Emanzipation [...] innerhalb der bisherigen Weltordnung» reiche nicht aus. Marx kennzeichnet ihre Schranken an der Funktion der amerikanischen und französischen Bürger- und Menschenrechtserklärungen, die letztlich dem Schutz des Privateigentums, der Rechte des egoistische Interessen verfolgenden Individuums dienten, damit zur Verschärfung sozialer Ungleichheit führten. Gerade die jakobinische Verfassung von 1793 habe den Vorrang des *bourgeois* vor dem *citoyen* zementiert.

«Zur Judenfrage» ist 1881, noch zu Lebzeiten von Marx, teilweise nachgedruckt worden. Den gesamten Text hat Wilhelm Liebknecht im Oktober 1890 erneut veröffentlicht; die «geniale Schrift des werdenden Meisters, die bisher nur einer kleinen Minderheit bekannt war», solle «dem deutschen Volke zugänglich» werden. Bei den Neueditionen wurde vor dem Missverständnis einzelner Passagen gewarnt. Erst nach der Erfahrung des Holocaust begann eine, bis heute anhaltende Debatte darüber, ob die Verwendung antijüdischer Stereotype – der «Wucher-Jude» als Prototyp des Kapitalisten – belege, dass Marx Antisemit gewesen sei, wobei auch über die Beweiskraft der im Briefwechsel mit Engels dokumentierten unflätigen Beschimpfungen von Hess, Lassalle und anderen als Juden gestritten wird. Konsens ist nicht zu erzielen, da es keine ‹harten›, allgemein anerkannten Kriterien gibt.

Außerdem hat Marx in den DFJ «Zur Kritik der Hegelschen Rechtsphilosophie. Einleitung» veröffentlicht. (Ein bereits 1843 verfasster detaillierter Kommentar zu Teilen von Hegels Staatslehre ist unveröffentlicht geblieben, wurde erst 1927 publiziert.) In der Französischen Revolution habe die Bourgeoisie nur vorübergehend dem gesamtgesellschaftlichen Interesse gedient. Das Proletariat sei diejenige Klasse, die zukünftig mit der Verfolgung ihres eigenen Interesses an der Überwindung des Privateigentums zugleich die Befreiung der ganzen Gesellschaft bewirke. Voraussetzung sei ein neues Bündnis von Philosophie und Proletariat. «Die Theorie wird zur materiellen Gewalt, sobald sie die Massen ergreift», und: «Wie die Philosophie im Proletariat seine materiellen, so findet das Proletariat in der Philosophie seine geistigen Waffen [...]. Der Kopf dieser Emanzipation ist die Philosophie, ihr Herz das Proletariat.»

Das war eine geschichtsphilosophisch begründete Projektion der zukünftigen Rolle eines sich noch in der Entstehung befindlichen Proletariats. Als Proletarier galten seit den 1830er Jahren nicht mehr die Empfänger von Armenhilfe, Bettler usw., sondern die wachsende Zahl derer, die auf Lohnarbeit angewiesen und damit den Risiken des Arbeitsmarkts ausgesetzt waren.

Die Philosophie müsse ihre Begrenzung auf Religionskritik überwinden. Das Thema sei mit dem Nachweis (von Feuerbach), dass Religion Ergebnis einer Projektion sei, erledigt. Die «Kritik der Religion» muss zur «Kritik des Rechts» werden, die «Kritik der Theologie» zur «Kritik der Politik». Die Überwindung der Religion als «Opium des Volkes» bedeute, die «Forderung einen Zustand aufzugeben, der der Illusionen bedarf». «Opium des Volkes», nicht: «für das Volk», besagt, dass es nicht um eine verabreichte, sondern aufgrund der Leiden verlangte Betäubung geht.

Wenn schon diese Formulierungen einen Spitzenplatz in der Liste bekannter Marx-Zitate einnehmen, dann werden sie noch übertroffen von seiner 11. These «ad Feuerbach»: «Die Philosophen haben die Welt nur verschieden interpretiert, es kömmt drauf an, sie zu verändern.» Die Thesen stammen aus einem Eintrag in einem Notizbuch, der auf Frühjahr 1845 datiert wird. Veröffentlicht worden sind sie 1888 von Engels. Er hatte sie gerade im Nachlass von Marx gefunden. Es seien «Notizen [...], rasch hingeschrieben, absolut nicht für den Druck bestimmt, aber unschätzbar als das erste Dokument, worin der geniale Keim der neuen Weltanschauung niedergelegt ist».

Die weitere Ausrichtung von Marx' Arbeiten ist durch Engels' in den DFJ veröffentlichte «Umrisse zu einer Kritik der Nationalökonomie» beeinflusst worden. Laut Engels sind in einer auf Privateigentum basierenden Ökonomie Vermögenskonzentration und Spaltung in «Millionäre und Paupers» zwangsläufig. Die Nationalökonomie seit Adam Smith verweigere sich dieser Einsicht; stattdessen werde nach externen Gründen für das soziale Elend gesucht, wie mit der Behauptung von Thomas Malthus, die Steigerung der Produktion könne mit dem Bevölkerungswachstum nicht mithalten.

Engels hat die Hinwendung von Marx zur Analyse der gegebenen ökonomischen Verhältnisse mittels der Kritik an den sie legitimierenden nationalökonomischen Theorien verstärkt. Dokumentiert ist die intensive Auseinandersetzung mit deutscher, englischer, französischer Literatur zum Thema in den Materialsammlungen, die Marx seit Mai/Juni 1844 über einige Monate hinweg angelegt hat. Bekannt geworden sind diese «Pariser Manuskripte» 1932, als gleichzeitig zwei Fassungen mit unterschiedlicher Textkonstitution und unterschiedlichen Titeln (*Ökonomisch-philosophische Manuskripte* bzw. *Nationalökonomie und Philosophie*) erschienen. Marx hat in ihnen nicht nur seinen ersten Erkenntnisprozess in Sachen Nationalökonomie festgehalten, sondern auch die Kategorie der «Entfremdung» entwickelt. Von ihr wusste man, jedenfalls im Kontext von Marx, bis zur Publikation dieser Manuskripte nichts; erst danach avancierte sie zu einer Schlüsselkategorie, die ein Eigenleben entfaltete, auch jenseits der Marx-Texte, in denen sie später keine bedeutende Rolle spielte. Fünfzig Jahre nach dem Tod von Marx begann die Diskussion über einen ‹jungen, humanistischen› im Gegensatz zu einem ‹reifen, materialistischen› Marx.

Für Marx' Biographie war ein etwa zehntägiger Aufenthalt von Engels in Paris Ende August/Anfang September 1844 wichtig. Der Beginn ihrer Zusammenarbeit schlug sich in dem Buch *Die Heilige Familie, oder Kritik der kritischen Kritik. Gegen Bruno Bauer & Consorten* nieder. Es handelt sich um eine Satire auf diverse Beiträge der *Allgemeinen Literatur-Zeitung* von Bruno und Edgar Bauer. Sie war seit Dezember 1843 erschienen, aber im Oktober 1844 eingestellt worden.

Engels schrieb ein paar kurze Abschnitte für die geplante Broschüre, aber Marx erweiterte den Text immer mehr. Beim Erscheinen Ende Februar 1845 wurde die «historische Nachrede» nötig: «Wie wir nachträglich erfahren haben, ist nicht die Welt, sondern die kritische ‹Literatur-Zeitung› untergegangen.»

Es war ein groteskes Unternehmen. Auf über 220 Seiten (in modernen Ausgaben) werden Rezensionen von Rezensionen geboten, die nur verstehen konnte, wer die beiden vorausliegenden Textschichten auch kannte. Der Obertitel *Heilige Familie* ging auf den Verleger zurück, der sich davon «mehr Sensation» versprach. Engels erfuhr erst Anfang 1845 von der Umfangserweiterung und seiner Nennung als Ko-Autor, obwohl er weniger als zehn Prozent des Textes geschrieben hatte, und war wenig begeistert. Der Text sei für ein allgemeines Publikum kaum verständlich und sein Umfang stehe im Widerspruch zu der «souveränen Verachtung», mit welcher sie beide zuvor die Beiträge in Bauers Zeitschrift gestraft hätten.

Marx hat das Buch später vergessen oder verdrängt. Im April 1867 hielt er sich bei seinem Bewunderer Louis Kugelmann in Hannover auf. Dieser habe, so Marx an Engels, eine «viel beßre Sammlung unserer Arbeiten, als wir beide zusammengenommen». Kugelmann habe ihm ein Exemplar der *Heiligen Familie* geschenkt; «ich war angenehm überrascht zu finden, daß wir uns der Arbeit nicht zu schämen haben [...]».

Die Neuveröffentlichung nahm dann Mehring 1902 vor, ohne Zweifel an der Sinnhaftigkeit ganz zu unterdrücken. Die spätere Auslegung als erstes großes «Gemeinschaftswerk», das die Anfänge der neuen wissenschaftlichen Weltanschauung spiegele, beruht auf der selektiven Heranziehung einzelner Bemerkungen zu Proudhon, der Französischen Revolution und den Menschenrechten.

Marx hat in allen diesen Texten eigene Positionen im Medium der Kritik an den Theorien anderer revidiert. Erst aus der Retrospektive, in der die Texte (einschließlich der unveröffentlichten) aus ihren polemischen Kontexten herausgelöst und nach systematischen Kriterien befragt wurden, konnte versucht werden, das Gesellschaftsbild des jungen Marx zu rekonstruieren.

IV. Die zweite Station im Exil: Brüssel

Auch Brüssel war ein Sammelplatz für Arbeitsmigranten und politische Flüchtlinge aus diversen Ländern. Natürlich war ihre Zahl deutlich geringer als in Paris. Die belgische Verfassung garantierte Presse- und Vereinsfreiheit. Politisch suspekte Personen und Vereinigungen hatten mit polizeilicher Überwachung zu rechnen, jedoch nicht mit der in anderen Ländern üblichen Kontrolle der Korrespondenz. Auslieferungen wegen politischer Delikte wurden nicht vorgenommen, aber Ausländer konnten wegen Störung der öffentlichen Ruhe und Ordnung ausgewiesen werden. Wie groß das Risiko war, hing einerseits von der Haltung der Öffentlichkeit, andererseits von dem Druck ab, den andere Regierungen auf das relativ kleine, erst seit 1830 unabhängige Belgien ausübten.

Um sich vor preußischen Nachstellungen zu schützen, beantragte Marx Mitte Oktober 1845 beim Oberbürgermeister von Trier die Entlassung aus der preußischen Staatsbürgerschaft mit der Begründung, er wolle nach Amerika auswandern. Am 1. Dezember 1845 wurde die Urkunde über die Entlassung aus dem preußischen Untertanen-Verband ausgestellt. Marx war damit staatenlos geworden – und sollte dies zeitlebens bleiben, da spätere Versuche scheiterten, die preußische Staatsbürgerschaft wiederzuerlangen bzw. die englische zu erwerben.

Gescheiterte Publikationsprojekte

Marx hat seine Aufenthaltsgenehmigung für Brüssel Ende März 1845 erst nach schriftlicher Versicherung bekommen, sich tagespolitischer Publizistik zu enthalten. Zum Beleg, dass er sich ausschließlich wissenschaftlich betätigen wolle, legte er einen Vertrag mit dem Darmstädter Verleger Leske über eine *Kritik der Politik und Nationalökonomie* vor, den er noch in Paris am 1. Februar 1845 unterzeichnet hatte.

Eine nationalökonomische Theorie sollte aus der Kritik an Werken französischer und britischer Provenienz seit dem späteren 18. Jahrhundert entwickeln werden. Dazu hat Marx in der Brüsseler Zeit intensive Studien betrieben. Mit Engels, der im Frühjahr 1845 nach Brüssel umgesiedelt war, begann die vertiefte Zusammenarbeit zu einer Zeit, als dieser mit *Die Lage der arbeitenden Klasse in England* Aufsehen machte, nicht nur in sozialistischen Kreisen. Gemeinsam reisten sie im Juli/August nach England, wo Marx in Bibliotheken in Manchester und London seine Literaturstudien fortsetzte.

Bald kursierte in sozialistischen Kreisen, das Erscheinen von

Marx' großem Werk zur Ökonomie stehe unmittelbar bevor. Korrespondenzpartner fragten immer wieder nach. Marx ‹lieferte› nicht, der Verlag kündigte im Februar 1847 den Vertrag, nur dass es ihm nicht gelang, den hohen Vorschuss wieder einzutreiben.

Zwischenzeitlich hatte Marx in Zusammenarbeit mit Engels ein Werk in Angriff genommen, das er als «Kritik der nachhegelschen Philosophie» bzw. als «Werk über neuste deutsche Philosophie und Socialismus» bezeichnete. Das von ca. November 1845 bis Sommer 1846 erarbeitete Textkonvolut ist unvollendet und unpubliziert geblieben. In (hinsichtlich Textbestand und -anordnung variierenden) Editionen seit den späten 1920er Jahren erhielt es den Titel *Deutsche Ideologie* nach einer En-passant-Bemerkung von Marx. Rezipiert wurde überwiegend ein «Feuerbach» titulierter Abschnitt (in dem von Feuerbach kaum die Rede war), und zwar als Grundlegung der ‹materialistischen Geschichtsauffassung›. Hier wird eine welthistorische Skizze über die Bedingungsverhältnisse zwischen Arbeitsteilung, Entwicklung der Produktivkräfte, Eigentums- und Rechtsverhältnisse geboten. Zugleich wird die Vision einer Gesellschaft ohne Arbeitsteilung formuliert – «morgens jagen, nachmittags fischen, abends Viehzucht treiben, nach dem Essen kritisieren» –, wovon später nicht mehr die Rede sein sollte.

Marx hat 1859 geschrieben, die Texte hätten der «Selbstverständigung» gedient und seien der «nagenden Kritik der Mäuse» überlassen worden (was für einen Teil der Manuskripte tatsächlich zutrifft). Er erwähnt, dass diese Entscheidung erst nach dem Scheitern von Publikationsplänen gefallen war, spielt aber herunter, wie intensiv die Bemühungen gewesen waren.

Anti-Proudhon

Publizieren konnte Marx eine Replik auf Proudhon, *Système des contradictions économiques ou philosophie de la misère*, die aus einer zunächst für Ende 1846 geplanten Broschüre zu einem Buch von 180 Seiten angewachsen ist, das im Juli 1847 erschien. Proudhons Titel wurde ironisch umgekehrt: *Misère de la Philosophie. Réponse à La Philosophie de la Misère de*

M. Proudhon. Bis dahin hatte sich Marx zu Proudhon positiv geäußert. Nun kanzelte er ihn als ökonomischen Dilettanten ab, der nicht begreife, dass es keine zeitlosen ökonomischen Kategorien gebe, sondern dass diese – wie alle Ideen – in einem Bedingungsverhältnis mit den von der Entwicklung der Produktivkräfte abhängigen gesellschaftlichen Verhältnissen stünden. In der Gegenwart müsse sich die faktisch schon zu Arbeitern degradierte Masse der Bevölkerung durch Aufbau von Organisatoren und durch Streiks als «Klasse für sich» konstituieren. Der ökonomische Kampf werde zum Kampf für eine neue Gesellschaftsordnung. Mit der Ablehnung von kämpferischen Arbeiterorganisationen entlarve sich Proudhon als Kleinbürger – ein denunziatorischer Begriff, der fortan auf alle mit ‹falschem Bewusstsein› angewendet werden sollte.

Mit seinem Buch wollte sich Marx einem französischen Publikum als überlegener Theoretiker präsentieren. (Bei der Erstellung des französischen Textes hat Ferdinand Wolff geholfen, der schon lange in Belgien und Frankreich als Publizist tätig war.) Dies war Marx so wichtig, dass er den Druck selbst finanziert und sein Buch zwei Verlegern in Paris und Brüssel in Kommission gegeben hatte. Es haperte gerade an der Verbreitung in Frankreich. Es sind mehr Exemplare nach Deutschland gegangen, die zeitgleich geplante deutsche Übersetzung ist nicht zustande gekommen; auch spätere Bemühungen sind gescheitert. (Die von Kautsky und Bernstein angefertigte Übersetzung, *Elend der Philosophie*, erschien erst 1885.) Proudhon und seine Nachwirkungen wurden zu einer Obsession für Marx. Die Behauptung, der Proudhonismus sei besiegt, dementierte sich durch periodische Wiederholungen selbst.

Korrespondenznetzwerk

Die Replik auf Proudhon war auch eine Retourkutsche dafür, dass Proudhon die Anfrage von Marx abgelehnt hatte, in Frankreich ein ‹kommunistisches Korrespondenz-Komitee› zu gründen. Seit Anfang 1846 hatten sich Marx und Engels um den Aufbau eines Netzwerkes aus Komitees in Deutschland, England und Frankreich bemüht, die sich über sozialistische Aktivitäten wechselseitig in Kenntnis setzen sollten. Die Brüsseler Gruppe wollte koordinieren und mit Rundschreiben die theoretische Diskussion forcieren; so konnte sie den Nachteil kompensieren, sich abseits der Zentren kommunistischer Gruppen zu befinden. Eine Zeitlang gehörte auch Joseph Weydemeyer dazu. Er hatte 1845 als Leutnant den preußischen Militärdienst quittiert, arbeitete seitdem als Journalist. Neben anderen kam Wilhelm Wolff hinzu, der sich der Verfolgung wegen sozialkritischer Reportagen über die Verhältnisse in Schlesien entzogen hatte.

Das Unternehmen war ein Fehlschlag. Kontaktleute in verschiedenen Städten (Köln, Elberfeld, Kiel, Breslau) sahen sich zur Gründung eines Komitees nicht in der Lage. Nur in London bildete die Führung des Arbeiterbildungsvereins bzw. der dortigen Gemeinde des BdG eine solche Gruppe (S. 33).

Marx und Engels hatten auch Weitling eingeladen, der deshalb nach Brüssel kam. Er war 1843 in Zürich verurteilt worden und nach seiner Strafhaft im Sommer 1845 nach London gegangen; mit seinen Vorstellungen hatte er sich in der Londoner Gemeinde des BdG nicht durchsetzen können (S. 33). Marx hatte im Pariser *Vorwärts* die «genialen Schriften» Weitlings als Beleg für den «Bildungsstand oder die Bildungsfähigkeit der deutschen Arbeiter» angeführt und daraus abgeleitet, dass das «deutsche Proletariat der Theoretiker des europäischen Proletariats» werde. Diese Rolle sollte nun anders besetzt werden.

Bei einem Treffen am 30. März 1846 kam es zum Eklat. Weitling hat die Vorgänge aus der Sicht des unmittelbar Betroffenen in einem Brief an Moses Hess am folgenden Tag dargestellt. Der als Gast anwesende russische Publizist Pawel Annenkow hat seine Erinnerungen daran erst 1880 veröffentlicht, vermutlich früher niedergeschrieben. Der Kern beider Aussagen ist nie ernsthaft bestritten worden, auch nicht vom späten Engels.

Marx hat Weitling massiv angegriffen. Er forderte eine «Sichtung der kommunistischen Partei», warf Weitling vor, gefühlsduseligen Handwerkerkommunismus zu vertreten und zu verkennen, dass vor der Verwirklichung des Kommunismus zuerst die Bourgeoisie an die Macht kommen müsse. Es sei unverantwortlich, das Volk aufzuwiegeln, die deutschen Arbeiter müsse man mit einer «streng wissenschaftlichen Idee» ansprechen. Zum nächsten Zusammenstoß mit Weitling kam es am 11. Mai 1846, als das Brüsseler Komitee das «Circular» gegen Hermann Kriege beschloss. Kriege, ein Anhänger Weitlings, war im Sommer 1845 in die USA ausgewandert und hatte in New York eine Kommunistengemeinde gegründet. Er gab eine Wochenzeitschrift heraus, deren Titel *Der Volks-Tribun* an Babeuf erinnern sollte. Kriege setzte jedoch nicht auf revolutionäre Aktion, sondern auf eine von Philanthropen finanzierte Bodenreform. Die Brüsseler erklärten, Kriege kompromittiere «die kommunistische Partei in Europa sowohl als wie in Amerika», indem er auf «kindisch-pomphafte Weise» den «Kommunismus in Liebesduselei» verwandele. Weitling sah sich massiv unter Druck gesetzt, der Erklärung zuzustimmen. Er entgegnete: «Jeder will alleine Kommunist sein und stellt alle anderen als Nichtkommunisten hin, sobald er ihre Konkurrenz fürchtet»; Marx und Engels hätten sich gegen ihn (Weitling) mit dem «ganzen Knäuel der korrespondierenden kommunistischen Bourgeoisie verbündet». Weitling ging auf Einladung Krieges nach Amerika. Seine Darstellungen über den Konflikt mit Marx wurden in der dortigen Emigrantenpresse wiedergegeben.

Die ‹Säuberung› fand statt, bevor die einzige ‹Partei› mit Wissenschaftsanspruch konstituiert war. Sie wurde von «einem kleinen Verein engerer Genossen» (Engels 1888) vorgenommen, welcher «die wissenschaftliche Einsicht in die ökonomische Struktur der bürgerlichen Gesellschaft als einzig haltbare theoretische Grundlage aufgestellt» hat (Marx 1860).

Der Kommunistenbund und sein Manifest

London war zum wichtigsten Stützpunkt des BdG geworden. 1840 gründete der aus Frankreich wegen Beteiligung am Putschversuch von 1839 ausgewiesene Karl Schapper die *Bildungs- und Gegenseitige Unterstützung-Gesellschaft für Arbeiter in London*. (Der Name hat später mehrfach gewechselt; *Communistischer Arbeiterbildungsverein* wurde frühestens seit den 1870er Jahren verwendet.) Die Mitgliederzahl stieg bis 1847 auf einige Hundert an, bei großer Fluktuation durch Zu- und

Abwanderung; dazu zählten auch Angehörige anderer Nationen, was eine Sonderstellung unter den deutschen Arbeitervereinen begründete.

Die Leitung lag in den Händen der Londoner BdG-Führung, die den Verein auch als Rekrutierungsbasis für den BdG nutzte. Neben Schapper (seit seiner Teilnahme als Student am Frankfurter Wachensturm 1833 eine Art Berufsrevolutionär, der inzwischen Schriftsetzer gelernt hatte) gehörten dazu Joseph Moll (Uhrmacher, wie Schapper Teilnehmer am Putschversuch in Frankreich) und Heinrich Bauer (Schuhmacher, der zuvor in Paris eine Zeitschrift Weitlings vertrieben hatte). Diese Gruppe pflegte auch engen Kontakt zum linken Flügel der Chartisten unter Julian Harney und Ernest Jones. Sie interessierten sich, für englische Arbeiterführer ungewöhnlich, für Arbeiterorganisationen anderer Nationalitäten und pflegten das Erbe der Jakobiner. In London bemühten sie sich um Kooperation mit verschiedenen Exulantengruppen; im Herbst 1845 wurde mit den *Fraternal Democrats* ein lockerer Verband gegründet.

Der Londoner BdG suchte nach einer neuen Programmatik, entfernte sich immer mehr von den Plänen Cabets, sein Gesellschaftskonzept durch Gründung von Kolonien in Amerika umzusetzen (was ab 1849 versucht werden sollte). Als Weitling im August 1844 nach London kam, wurde er begeistert begrüßt. Aber die Londoner Führungsgruppe ging zunehmend auf Distanz zu dessen Werbung für revolutionäre Aktivitäten. Nach langen Diskussionen während der zweiten Jahreshälfte 1845 trennte man sich von Weitling und setzte stattdessen auf «unsere neuen deutschen Philosophen», Marx und Engels. Es sollten jedoch unterschiedliche Vorstellungen über den Weg zum Kommunismus toleriert werden.

Die Londoner Führung des BdG bildete das Korrespondenz-Komitee als Partner des Brüsseler. Die Londoner reagierten im Juni/Juli 1846 allergisch auf die Kritik an Weitling und Kriege. Es entstehe der Eindruck, die Brüsseler um Marx wollten eine «Art Gelehrten-Aristokratie gründen». In Amerika hätten sich Tausende Anhänger Krieges empört, die ihnen unbekannten «gelehrten Herren» in Brüssel «wollten von ihrem philosophischen Thron ihr Anathema gegen jeden schleudern, der nicht ihrer Meinung ist».

Als die Londoner im November 1846 die Leitung des gesamten BdG übernahmen, setzten sie auf eine Reorganisation. Mit neuen Statuten und neuem Programm sollte das Verhältnis sowohl zur «religiösen Partei» wie zur «radikalen Bourgeoisie» geklärt werden. Dies geschah, ohne das Brüsseler Komitee, das ja nicht zum Bund zählte, in Kenntnis zu setzen. Wegen der daraus folgenden Verstimmung kam (ungefähr) im Februar 1847 Moll zu Verhandlungen mit Marx nach Brüssel und darauf mit Engels nach Paris. Es wird zu einer Absprache gekommen sein, schwerlich aber dergestalt, dass Marx und Engels, wie sie es später dargestellt haben, einseitig die Bedingungen diktieren konnten: ihr Eintritt in den Bund auf Basis einer Zusage, dass sie Statuten und Programm bestimmen könnten. Man brauchte sich wechselseitig; ohne die Verbindung nach London wären Marx und Engels isoliert gewesen; die Führung des BdG wollte auf deren intellektuelle Kapazität nicht verzichten.

Die Reorganisation wurde auf einem Kongress in London vom 2. bis 9. Juni 1847 in Angriff genommen. Marx erklärte, aus Geldmangel nicht teilnehmen zu können, wollte vielleicht abwarten, ob sich die Dinge in seinem Sinne entwickelten. Er ist vermutlich erst nach dem Kongress Mitglied des Bundes geworden. Die Brüsseler Gemeinde wurde durch Wilhelm Wolff vertreten, der Pariser Kreis durch Engels. Engels wurde nur als Delegierter gewählt, weil zuvor zwei von Anhängern von Weitling und Karl Grün (Übersetzer und Propagator von Proudhon) dominierte Gemeinden ausgeschlossen worden waren. Man einigte sich auf den Entwurf eines Statuts, in dem als neuer Name der Organisation *Bund der Kommunisten* (= BdK) festgelegt wurde, da «Gerechtigkeit» kein ausreichendes Unterscheidungsmerkmal sei. Die Parole, «Proletarier aller Länder, vereinigt Euch!», ersetzte die alte Formel von der Verbrüderung aller Menschen. Von wem sie stammt, ist nicht klar; ähnliche Formulierungen waren schon einige Jahre zuvor in Frankreich aufgekommen.

Außerdem wurde der «Entwurf eines Kommunistischen Glaubensbekenntnisses» beschlossen. Es hatte die Form eines Katechismus, in dem auf Fragen memorierbare Antworten gegeben wurden. Solche Katechismen waren in frühsozialistischen Bünden üblich. Statuten und Glaubensbekenntnis wurden an die Gemeinden des Bundes versandt, die dazu Stellung nehmen sollten; die endgültige Beschlussfassung sollte ein zweiter Kongress vornehmen. Engels formulierte einen Alternativentwurf, «Grundsätze des Kommunismus» (erstmals aus seinem Nachlass 1914 ediert). Er war noch in der Frage-und-Antwort-Form verfasst, aber Engels überlegte schon, die Katechismus-Form zugunsten eines «Manifestes» aufzugeben. Auch für eine solche Adresse an die Öffentlichkeit gab es diverse Vorbilder seit den Zeiten der Französischen Revolution. ‹Manifest› statt ‹Katechismus› bedeutete den Vorrang der schriftlichen Überzeugungsarbeit vor der mündlichen Agitation, und damit tendenziell die Ansprache mehr an die Gebildeten als an die Handwerker.

Engels hat seinen Entwurf zum Dezember-Kongress nach London mitgebracht. Er kam als Delegierter für Paris, Marx für Brüssel. Auf Marx' Anwesenheit hatte die Führung des Bundes gedrängt; seine Reputation als Theoretiker war in der Zwischenzeit durch die Veröffentlichung seines Buches gegen Proudhon gestiegen.

Der Kongress fand zwischen dem 29. November und 8. Dezember 1847, vielleicht auch bis zum 11. oder 12. Dezember statt. Informationen sind rar, da man sich so abgeschottet hatte, dass nichts in die Presse drang. Man beschloss endgültig die Statuten. Das oberste Leitungsgremium hieß nun «Zentralbehörde». Höchstes Organ war ein jährlich einzuberufender Kongress. Dieser übertrug jeweils einem Kreis die Funktion, die Mitglieder der Zentralbehörde zu wählen. Angesichts der andauernden Gefahr politischer Verfolgung wurde die Form eines Geheimbundes noch nicht aufgegeben. Die Mitglieder sollten weiterhin Decknamen benutzen, die Gemeinden voneinander abgeschottet bleiben. Ausgestoßene Mitglieder und «verdächtige Subjekte» seien vom Bund «zu überwachen und unschädlich zu machen». Ziel des Bundes sei Sturz der Bourgeoisie, Herrschaft des Proletariats, Formierung einer neuen Gesellschaftsordnung ohne Klassen und Privateigentum. Trotz dieser Festlegungen kam man in einem Kreis von etwa zwei Dutzend Teilnehmern nicht zur Verabschiedung des programmatischen Textes. Beschlossen wurde nur, dass Marx auf der Basis vorliegender Materialien eine endgültige Fassung erstellen solle. Unklar ist, um welche Textvorlage(n) es sich handelte und ob Marx nur noch eine Schlussredaktion vornehmen oder auch (partiell) einen eigenen Text verfassen sollte.

Am 25. Januar 1848 erging ein «Maßnahmen» androhendes Schreiben der Zentralbehörde, das Marx einige Tage später erreichte, seiner Verpflichtung bis zum 1. Februar nachzukommen. Das Manuskript ist in den ersten Februartagen in London eingegangen. Marx hat für den Text auch den Entwurf von Engels verwendet; ob es noch eine gemeinsame Arbeit an der letzten Fassung gegeben hat, kann dahingestellt bleiben. In späteren Erklärungen haben beide meistens von gemeinsamer Verfasserschaft gesprochen.

Die Londoner Zentralbehörde hat diesen Text von 23 Druckseiten ohne Weiteres akzeptiert und in Druck gegeben; angesichts der von Marx (absichtsvoll oder nicht) verursachten Verzögerung hatte sie kaum eine andere Wahl.

Für die Druckkosten ist der Arbeiterbildungsverein in Vorlage gegangen. Eine erste Auflage erschien um den 18. Februar, jedenfalls noch vor der Pariser Revolution am 24. Februar 1848. Es folgten weitere Auflagen; insgesamt wurden mehrere tausend Exemplare gedruckt. Verteilt wurden sie über Gemeinden des BdK und mit ihnen assoziierte Arbeitervereine; 500 Exemplare waren für den Londoner Verein bestimmt, größere Sendungen gingen nach Paris (1000 Exemplare), Brüssel, Stockholm und Amsterdam. Nach Deutschland kam die Broschüre durch die aus Frankreich zurückkehrenden Mitglieder des Kommunistenbundes.

Das Manifest

Das «Manifest der Kommunistischen Partei» («Kommunistisches Manifest» ist erst später üblich geworden) wurde anonym veröffentlicht. Bei einem «Parteiprogramm» verstand sich das von selbst. Aber die Identität dieser Partei blieb in der Schwebe. Transparenz galt hinsichtlich der Ziele, nicht der Organisation. Das Manifest sei auf einer Versammlung von «Kommunisten der verschiedensten Nationalität» in London «beraten» worden. In London hatten sich auch Mitglieder anderer Nationen dem BdK angeschlossen. Das kann auch an einigen anderen Orten der Fall gewesen sein, aber insgesamt bestand der BdK ganz überwiegend aus Deutschen, die v. a. in Frankreich, der Schweiz und Belgien lebten; Verbindungen gab es in weitere europäische Länder und zu Emigranten in den USA. Es gab auch einige Gemeinden in Deutschland; wichtigster Stützpunkt war Hamburg, nachdem eine Gruppe in Berlin 1846 von der Polizei entdeckt worden war. Anfang 1848 dürfte der gesamte Bund wenige hundert Mitglieder gehabt haben.

Der Eingangssatz des Manifests, «Ein Gespenst geht um in Europa – das Gespenst des Kommunismus», war typisch für eine Vielzahl einprägsamer Sätze wie «die herrschenden Ideen einer Zeit waren stets nur die Ideen der herrschenden Klasse» bis zum Schlussakkord, «Die Proletarier haben nichts zu verlieren als ihre Ketten. Sie haben eine Welt zu gewinnen. Proletarier aller Länder, vereinigt euch!».

«Gespenst des Kommunismus» war seit einigen Jahren gängig als Chiffre für eine reale internationale Verschwörung oder die Paranoia der Regierungen. Als Organisatoren der Hetzjagd auf die Kommunisten werden eingangs neben dem Papst (Pius IX., der den Kommunismus in einer Enzyklika vom November 1847 als gesellschaftszerstörend verdammt hatte) und dem Zar (Nikolaus I.) auch Guizot und Metternich genannt. Das war dann schnell nicht mehr aktuell. Guizot ist als französischer Regierungschef am 24. Februar, Metternich als österreichischer am 13. März 1848 gestürzt worden.

Alle Vorwürfe an die Adresse der Kommunisten, sie wollten Staat, Vaterland, Privateigentum, Familie, Religion usw. aufheben, werden bejaht, aber mit den Mitteln forensischer Rhetorik gegen die Ankläger gewendet, da die Bourgeoisie ihre eigenen Werte nur insofern respektiere, wie dies ihren Klasseninteressen dienlich sei, so dass die Proletarier offen den «gewaltsamen Umsturz aller bisherigen Gesellschaftsordnung» betreiben müssten.

Die Weltgeschichte ist in eine neue Phase eingetreten: «Die Geschichte aller bisherigen Gesellschaft ist eine Geschichte von Klassenkämpfen», aber die komplizierten ständischen Gliederungen früherer Epochen, in denen Klassenkämpfe entweder mit der «revolutionären Umgestaltung der ganzen Gesellschaft» oder mit dem «gemeinsamen Untergang der kämpfenden Klassen» endeten, werden in der Gegenwart auf den fundamentalen Gegensatz zwischen Bourgeoisie und Proletariern reduziert. Das moderne Proletariat unterscheidet sich von allen zuvor in der Geschichte begegnenden abhängigen Klassen dadurch, dass es allein vom Verkauf seiner Arbeitskraft lebt. Das folgt aus dem Siegeszug der Bourgeoisie (der modernen Kapitalisten als Besitzer von Produktionsmitteln, welche von der Lohnarbeit profitieren), der alle «feudalen, patriarchalischen, idyllischen Verhältnisse zerstört». (Die Definitionen von Bourgeoisie und Proletariat hat Engels in einer Anmerkung zur englischen Ausgabe 1888 ‹nachgeliefert›.) Die Bourgeoisie hat mit dem Industriekapitalismus, der bald eine Weltökonomie und -gesellschaft hervorbringen werde, eine Entfaltung der Produktivkräfte bewirkt, die alle Fortschritte in der Vergangenheit weit in den Schatten stellten. «Sie hat ganz andere Wunderwerke vollbracht als ägyptische Pyramiden, römische Wasserleitungen und gotische Kathedralen». Die entfesselte Dynamik führe zu sich steigernden Krisen der Überproduktion, der man durch verstärkte Ausbeutung der Lohnarbeit Herr zu werden versuche. Damit vergrößere sich das Proletariat immer mehr; die Bourgeoisie bringe ihre Totengräber selbst hervor.

Es war eine «Lobhudelei der Bourgeoisie, wie sie kein Lohnschreiber derselben eindrucksvoller hätte schreiben können» (Bernstein 1898), und zugleich eine «grandiose Leichenrede», da die «Proletarier [...] aus Unglücklichen, mit denen man Mitleid hat, zu berufenen Totengräbern der Bourgeoisie» werden (Antonio Labriola 1895). Die weitgehende Enthaltung von einem «Moralisieren» über «die Schlechtigkeit und Niedertracht der Welt» (Max Weber 1918) bedeutet die Absage an die Bewahrung vorkapitalistischer Verhältnisse. Wenn der Sieg des Proletariats unvermeidlich ist, der Zeitpunkt aber nicht feststeht, immunisiert dies gegen zwischenzeitliche Rückschläge.

Die im Manifest unterstellte Reduzierung auf nur noch zwei Klassen, die zunehmende Verelendung der Arbeiter, die Zunahme ungelernter Arbeit, das Verschwinden von Nationalstaat, Familie und Religion waren (Fehl-)Prognosen, keine Analysen gegenwärtiger Verhältnisse.

Unter der Überschrift «Sozialistische und kommunistische Literatur» werden Theorien unterschiedlicher Couleur kritisiert, denen gemein sei, auf Illusionen über gesellschaftliche Harmonie zu beruhen. Die fruchtlosen Debatten über Zukunftsprojekte sollen beendet werden. An Polemik und Sarkasmus wird nicht gespart, aber Proudhon, Weitling, Cabet werden nur kurz erwähnt, ohne Invektiven und denunziatorische Zitate, welche die früheren Kontroversen wieder hätten aufleben lassen.

Der Schlussabschnitt, «Stellung der Kommunisten zu den verschiedenen oppositionellen Parteien», suggeriert, hier spreche eine international mächtige Vereinigung. Generös wird die Unterstützung der «demokratischen Parteien aller Länder» angeboten. Die Kommunisten erheben als der «entschiedenste, immer weitertreibende Teil der Arbeiterparteien aller Länder» keinen Monopol-, wohl aber einen Führungsanspruch, da sie über die höhere «Einsicht in die Bedingungen, den Gang und die allgemeinen Resultate der proletarischen Bewegung» verfügen. Das Augenmerk der Kommunisten richte sich auf Deutschland, das am «Vorabend einer bürgerlichen Revolution» stehe, die «nur das unmittelbare Vorspiel einer proletarischen» sein werde, weil die materiellen Bedingungen fortgeschrittener seien als während der englischen Revolution des 17. und der französischen des 18. Jahrhunderts. Offensichtlich wendet man sich an deutsche Adressaten, deren Revolutionshoffnungen in dem Sinne diszipliniert werden sollen, dass das Bündnis mit den bürgerlichen Kräften einerseits notwendig, andererseits nur von kurzer Dauer sein werde.

Ziel der Kommunisten sei «Bildung des Proletariats zur

Klasse, Sturz der Bourgeoisieherrschaft, Eroberung der politischen Macht durch das Proletariat».

Ziel sei die Verstaatlichung aller Produktionsmittel. Das Aktionsprogramm sieht eine Reihe von Maßnahmen vor, die schon in der Programmatik der Vorgängerorganisationen gefordert worden waren, sich in der einen oder anderen Form bei verschiedenen frühsozialistischen Theoretikern fanden: Enteignung des Grundbesitzes, Abschaffung des Erbrechts, Monopolisierung der Kreditvergabe durch eine Staatsbank, staatliche Verwaltung des Transportwesens, Organisation von Arbeitsrecht und -pflicht für alle. «Vereinigung des Betriebs von Ackerbau und Industrie, [...] allmähliche Beseitigung des Gegensatzes von Stadt und Land» dürfte sich auf das Konzept von Mustersiedlungen beziehen, das der englische Sozialreformer Robert Owen entwickelt hatte. «Starke Progressivsteuer», «öffentliche und unentgeltliche Erziehung der Kinder, Abschaffung der Kinderarbeit in ihrer heutigen Form» waren Forderungen, die auch teilen konnte, wer nicht eine verstaatlichte Wirtschaft wollte. «Konfiskation des Eigentums aller Emigranten und Rebellen» rechnet mit der Wiederholung des Szenarios aus der Französischen Revolution und schließt an den Plan von Babeuf an, Zwangsmaßnahmen gegen ‹Konterrevolutionäre› zum Ausgangspunkt einer generellen Aufhebung der Eigentumsordnung zu machen.

Ziel ist eine neue Gesellschaft als «eine Assoziation, worin die freie Entwicklung eines jeden die Bedingung für die freie Entwicklung aller ist». Konkreter ist Marx auch später nicht geworden.

Ausweisung aus Brüssel

Gemeinsam mit Engels und Wilhelm Wolff hatte Marx Ende August 1847 in Brüssel einen Deutschen Arbeiterbildungsverein nach Londoner Vorbild gegründet, der bis Jahresende auf 100 Mitglieder anwuchs. Präsident wurde der aus Mainz stammende Schriftsetzer Karl Wallau.

Zum Kongress nach London war Marx auch als Vizepräsident der Brüsseler *Association démocratique, ayant pour but l'union et la fraternité de tous les peuples* gereist. Die Initiative zur Gründung dieser aus Belgiern, Franzosen, Deutschen, einigen Schweizern und Polen bestehenden Vereinigung zur Förderung der Einheit und Verbrüderung der Völker, die sich v.a. für die Freiheit Polens engagierte, war Ende September u.a. von Adalbert von Bornstedt ausgegangen. Bornstedt war inzwischen Herausgeber der seit Januar 1847 erscheinenden *Deutschen Brüsseler Zeitung*, ein Blatt mit einer Auflage von gut 200 Exemplaren. Es bot der radikalen deutschen Emigrantengemeinde ein Forum, war aber in Deutschland verboten. Engels argwöhnte, die *Association démocratique* solle eine Konkurrenzorganisation zum Arbeiterverein werden und richte sich auch gegen die Versuche der Kommunisten, Bornstedts Zeitung zu ihrem Sprachrohr zu machen. Engels mobilisierte für ein Vorbereitungs-Bankett Mitglieder des Arbeitervereins und konnte sich so zu einem der vorläufigen Vizepräsidenten wählen lassen. (Ein Vizepräsident sollte Deutscher sein, der zweite Franzose, Präsident ein Belgier.) Marx hielt sich gerade wegen Erbschaftsangelegenheiten bei seinen holländischen Verwandten auf. Engels regelte sofort, dass Marx seine Funktion übernehmen werde. Das erfolgte bei der definitiven Gründungsversammlung am 15. November 1847. Engels hatte sein Ziel erreicht, «in dem kleinen Brüssel nichts Demokratisches geschehen zu lassen, wobei wir nicht beteiligt seien» (an Marx, 30.9.1847).

In seiner neuen Eigenschaft nahm Marx am Vorabend des Kommunistenkongresses (29. November) in London an einer von den *Fraternal Democrats* organisierten, von Angehörigen zahlreicher Nationen besuchten Gedenkfeier für den polnischen Aufstand von 1830 teil; er wurde von Harney als «celebrated writer on political economy and social philosophy» vorgestellt. Namens der *Association démocratique* vereinbarte Marx mit den *Fraternal Democrats*, für das nächste Jahr einen großen internationalen Demokraten-Kongress in Brüssel einzuberufen, dem ein zweiter ein Jahr später in London folgen sollte.

Die Aktivitäten der *Association démocratique* wurden von der Sicherheitspolizei mit Misstrauen wahrgenommen. Zudem verstärkte die preußische Regierung ihren seit Längerem ausgeübten Druck, gegen die *Deutsche Brüsseler Zeitung* bzw. den Arbeiterverein vorzugehen. Die Ausweisung der ausländischen Mitglieder der *Association démocratique* erschien den belgischen Behörden als probates Mittel. Hinsichtlich der Deutschen betraf dies zunächst Bornstedt und Stephan Born. (Born hatte sich Ende 1846 an der Seite von Engels in Paris engagiert; seit Oktober 1847 arbeitete er als Setzer bei Bornstedts Zeitung.) Marx ist anscheinend erst durch seine Rede bei einer Gedenkveranstaltung zum Krakauer Aufstand (1846) am 22. Februar 1848 ins Visier geraten. Als es in Brüssel nach dem Sturz der französischen Monarchie unter Beteiligung von *Association-démocratique*-Mitgliedern zu Kundgebungen für eine belgische Republik kam, erging am 1. März 1848 der Ausweisungsbefehl gegen Marx und andere. Trotz seiner Zusicherung, Belgien innerhalb 24 Stunden zu verlassen, wurde Marx in der Nacht vom 3./4. März verhaftet, seine Frau ebenfalls, nachdem sie energisch protestiert hatte. Die auf Marx zurückgehenden Berichte über eine besonders schikanöse Behandlung der Ehefrau sind mit Skepsis zu betrachten.

Marx nahm zusammen mit Ferdinand Wolff am Abend des 4. März den Zug nach Paris, Frau und Familie (zu Jenny waren Laura, * 26. September 1845, und Edgar, * 3. Februar 1847, hinzugekommen) folgten in Begleitung von Born zwei Tage später. Seit Frühjahr 1845 zählte auch das Hausmädchen Helena (Lenchen) Demuth zur Familie; sie sollte fortan die Familie Marx auf allen Stationen begleiten.

Angesichts der zu erwartenden Proteste in der Öffentlichkeit, die dann in der Presse, im Parlament und im Brüsseler Stadtrat folgen sollten, wollten die belgischen Behörden Beweise für die Gefährlichkeit von Marx vorlegen. Man war informiert, dass Marx jüngst eine namhafte Geldsumme erhalten hatte, und unterstellte, dass dies für Waffenkäufe gedacht sei. Nachforschungen bei Waffenhändlern blieben ergebnislos. Die Frage nach der Herkunft des Geldes wurde Mitte März 1848 durch eine Auskunft aus Trier geklärt. Es handelte sich um einen Vorschuss auf die Erbschaft, den Marx im September mit seinem Onkel Lion Philips ausgehandelt hatte. Damit war für die Polizei die Sache erledigt. Dass Marx eine erhebliche Summe für Waffenkäufe gespendet habe, ist aber Ende 1853 von seinen Freunden in Amerika behauptet worden, die angesichts der Londoner Exulanten-Querelen Marx' Opferbereitschaft für die Revolution belegen wollten. Da Jenny Marx diese Geschichte in ihren autobiographischen Aufzeichnungen aufgegriffen hat, die in den 1960er Jahren veröffentlicht wurden, ist sie immer noch in der Welt.

V. Im Revolutionsjahr 1848/49

Nach der Ausweisung aus Belgien hatte sich Marx nach Paris begeben. Er hat 1860 behauptet, ihm habe eine Einladung von Ferdinand Flocon, Mitglied der provisorischen Regierung, vorgelegen, den er aus seiner Zeit in Paris kannte. Marx datierte Flocons Schreiben auf den 1. März 1848. Zu diesem Zeitpunkt befand er sich noch in Brüssel. Tatsächlich stammen Flocons Zeilen vom 10. März, als Marx bereits in Paris war. Es ist eine Zusage von Unterstützung durch die französischen Behörden. Da Marx das Schreiben seinem Anwalt in der «Vogt-Affäre» (S. 89) übersandte, liegt wohl keine Täuschungsabsicht vor, sondern eine Autosuggestion. Aber seine Datierung und Deutung ist durchgängig übernommen worden.

Reorganisation des Kommunistenbundes

Auf die Revolution in Paris hatte die Zentralbehörde des BdK mit einem (nicht überlieferten) Beschluss reagiert, ihre Funktion auf den Kreis Brüssel zu übertragen. Dieser entschied am 3. März 1848 (wenige Stunden vor Marx' Festnahme), die Zentralbehörde nach Paris als «Zentrum der gesamten revolutionären Bewegung» zu verlegen. Eine «durchaus energische Leitung des Bundes» mittels einer vorübergehenden «diskretionären Vollmacht» sei erforderlich. Diese wurde Marx erteilt, der die Mitglieder der neuen Zentralbehörde bestimmen und auch nicht in Paris ansässige berufen könne. Mit den Statuten war dies nicht vereinbar. Nachdem Marx am 5. März in Paris angekommen war, wurde am nächsten oder übernächsten Tag dieses Gremium konstituiert, mit Marx als Präsidenten, dazu Wilhelm Wolff, Wallau und Engels, der erst am 20. oder 21. März nach Paris kam, sowie den drei nach Paris gekommenen Londoner Funktionären Schapper, Bauer und Moll.

Marx scheint für Frankreich mit einem baldigen Übergang zur proletarischen Revolution gerechnet zu haben. Er soll die deutschen Arbeiter in Paris aufgefordert haben, sich an dem zu erwartenden bewaffneten Kampf zwischen Proletariat und Bourgeoisie zu beteiligen. Am 6. März war er bei einer deutschen Versammlung mit über 4000 Teilnehmern zugegen, auf der er mit einem Ehrenplatz ausgezeichnet wurde. Daraus entwickelte sich die deutsche *Demokratische Gesellschaft*, die sich unter Vorsitz von Herwegh, mit Adalbert von Bornstedt als dessen Stellvertreter, am 8. oder 9. März konstituierte und als Sammelbecken aller deutschen Republikaner in Paris verstand.

Die Kommunisten gründeten am 8. März einen Arbeiterverein. Die Entscheidung ist gefallen, bevor klar sein konnte, dass die *Demokratische Gesellschaft* eine ‹Deutsche Legion› zur gewaltsamen Einführung einer Republik in Deutschland aufstellen wollte und Herwegh sich hinreißen ließ, sich an die Spitze des Unternehmens zu stellen.

Engels hat dagegen 1885 die Gründung des Arbeitervereins als Reaktion auf die Pläne Herweghs und Bornstedts dargestellt; man habe die Arbeiter von der Beteiligung an dieser «Revolutionsspielerei» abhalten wollen. Die Warnung vor dem militärischen Abenteuer war berechtigt. Als die «Legion» aus ca. 700 Mann von Straßburg aus am 24. April über den Rhein ging, hatte sich der Plan eines Zusammenschlusses mit badischen Freischärlern wegen des Scheiterns des «Hecker-Zuges» schon erledigt, so dass nur ein Ausweichen in die Schweiz übrig blieb; bei diesem Versuch wurde sie nach drei Tagen nahe Lörrach vom Militär aufgerieben.

Die Pariser Kommunisten waren Kollateralgewinner von Herweghs Projekt. Marx und Engels haben mehrfach mit Flocon gesprochen. Das Ergebnis hat Engels 1885 zusammengefasst: «Unser alter Freund Flocon, der in der provisorischen Regierung saß, erwirkte für die von uns fortgeschickten Arbeiter dieselben Reisebegünstigungen, die den Legionären zugesagt waren. So beförderten wir drei- bis vierhundert Arbeiter nach Deutschland zurück, darunter die große Mehrzahl der Bundesglieder.» Freie Unterkunft und Zahlung eines Verpflegungsgeldes bis zum Erreichen der Grenze stand allen arbeitslosen Ausländern zu; ihr Weggang war erwünscht. Flocon hat den Führern der Legion Geld für ihre Mitglieder übergeben. So ist anzunehmen, dass auch an die Führung der Kommunisten eine Pauschalsumme ging und diese entscheiden konnte, wer in den Genuss dieser Unterstützung kam.

Rückkehr nach Deutschland

Die Entscheidung zur Rückkehr ist spätestens gefallen, als die Nachrichten über die Barrikadenkämpfe in Berlin (18. März) eintrafen. In den Tagen bis zum 25. März wurden die siebzehn «Forderungen der kommunistischen Partei in Deutschland» formuliert. Unterzeichnet wurden sie vom «Komitee», dessen Mitglieder Marx, Schapper, Bauer, Engels, Moll und Wilhelm Wolff namentlich genannt wurden, so dass erstmals öffentlich wurde, welche Personen für diese Partei stehen. Die Forderungen ergänzen und modifizieren das Aktionsprogramm des *Kommunistischen Manifests*. Manches wird abgeschwächt. Das Erbrecht soll «beschränkt», nicht mehr «abgeschafft» werden, Enteignung des Grundbesitzes nur noch fürstliche und Adelsgüter treffen. Da das gemeinsame Interesse von «Proletariat, kleinem Bürger- und Bauernstand» betont wird, wird den Befürchtungen von Kleinbesitzern, Kommunismus bedeute Enteignung, Rechnung getragen. Allgemeines (Männer-)Wahlrecht ab 21 Jahren, Diäten für Abgeordnete, Volksbewaffnung sind keine spezifisch kommunistischen Positionen. Deutschland zu «einer einigen, unteilbaren Republik», einem Zentralstaat nach jakobinischem Muster zu machen, geht deutlich über die Vorstellungen der meisten deutschen Republikaner (insgesamt eine kleine Minorität) hinaus.

Die als Flugblatt gedruckten ‹17 Forderungen› sind ebenso wie die nach Paris geschickten Exemplare des *Manifests* von den nach Deutschland zurückkehrenden Kommunisten mitgenommen worden. Während das *Manifest* kaum in die Öffentlichkeit gelangte, erhielten die ‹17 Forderungen› durch Verbreitung als Flugblätter und Nachdrucke in Zeitungen größere Resonanz. Nach den Kommunistenverfolgungen seit 1851 sind sie verschollen gewesen; als Engels sie 1885 nachdruckte, konnte er nur eine verstümmelte Fassung aus der Polizeidokumentation von Wermuth und Stieber verwenden (S. 77); vollständig ist der Text erst 1909 wieder gedruckt worden.

Die in kleinen Gruppen zurückkehrenden Kommunisten sollten Arbeitervereine bilden, die zugleich der Rekrutierung von Bundesmitgliedern dienten. Vereine wurden besonders in Südwestdeutschland gegründet, aber Emissäre des BdK meldeten bald, man werde «gesteinigt», wenn man als Kommunist identifiziert werde. Der Aufbau einer Zentrale für die Arbeitervereine, die zunächst der (von Wallau gegründete) Mainzer Verein wahrnehmen sollte, kam nicht voran. Marx kümmert sich auch nicht darum. Sein Ziel war, eine in Köln geplante Zeitung – *Neue Rheinische Zeitung* (= NRZ) – unter Kontrolle zu bringen. Bei manchen Bemühungen um Vereinsgründungen sieht es so aus, dass für die Abgesandten des BdK die Werbung von Abonnenten und Aktionären für die NRZ genauso wichtig war. Als Engels Ende April 1848 in Barmen und Elberfeld Gelder für die Zeitung auftreiben wollte, stellte er fest, alles wäre vergeblich, wenn die ‹17 Forderungen› bekannt würden.

Die Neue Rheinische Zeitung

Marx hatte Paris in Begleitung von Engels und des Schriftstellers Ernst Dronke am 5. April verlassen und war am 11. April in Köln eingetroffen. Der Plan, im Zuge der gerade hergestellten Pressefreiheit ein neues Blatt nach dem Vorbild der *Rheinischen Zeitung* zu gründen, war in zwei Zirkeln Kölner Kommunisten entwickelt worden; von einer Gruppe um Heinrich Bürgers und die Ärzte Roland Daniels und Karl d'Ester; einer anderen um den städtischen Armenarzt Andreas Gottschalk und die ehemaligen preußischen Leutnants Fritz Anneke und August Willich. Letztere Gruppe hatte eine führende Rolle bei der ersten großen Kölner Demonstration von Handwerkern und Arbeitern am 3. März gespielt. Mit ihr stand Moses Hess in Verbindung. Hess war am 2. April aus Paris nach Köln in der Erwartung gekommen, die neue Zeitung leiten zu können, und bemühte sich – wie einst beim Vorgängerorgan – um Aktionäre und Mitarbeiter. Auf einer Aktionärsversammlung am 12. April, am Tag nach Marx' Ankunft, wurde Hess ausgebootet. Eine entscheidende Rolle hat dabei Bürgers gespielt, der zunächst nach außen, als bei potentiellen Geldgebern vertrauenerweckender Gründer auftrat. Am 26. Mai wurde Marx zum Chefredakteur bestellt. Die übrigen Redakteure Bürgers, Dronke, Engels, Georg Weerth, Ferdinand Wolff, Wilhelm Wolff waren sämtlich Mitglieder des BdK. Ende Juli wurde auch Schapper als Korrektor angestellt.

Wieder wurde die Rechtsform einer Kommanditgesellschaft auf Aktien gewählt. Der Kauf von Aktien à 50 Taler sollte in Raten möglich sein. Für die von einem Aufsichtsrat zu kontrollierende Geschäftsführung waren ein Gerant und zwei Ko-Geranten verantwortlich. Sie hafteten jedoch anscheinend nicht mit ihrem Vermögen; diese Funktion fiel besonderen Komplementären zu, über die nichts bekannt ist. Zu ihnen zählte Marx, der Geld aus seinem Erbschaftsvorschuss einbrachte. Ihm soll ein Gehalt von jährlich 1500 Talern für die Dauer von drei Jahren zugesagt worden sein, wie (leider nur) aus einem Familienbrief seiner Schwiegermutter hervorgeht. Das war ein Spitzengehalt, wenn auch nicht exorbitant für den Chefredakteur einer großen Zeitung. (Mehr als 400 Taler erzielten damals in Köln nur um 5 % der Einwohner; ein Landgerichtsrat erhielt ca. 1000.) Angesichts der stets prekären Finanzen ist unwahrscheinlich, dass dieses Gehalt wirklich bezahlt wurde.

Der Sicherung der Zeitung galt Marx' ganze Energie. Zwei Reisen, die er im August/September 1848 nach Wien (mit Zwischenaufenthalten in Berlin) und im April/Mai 1849 nach Nordwestdeutschland unternommen hat, zu denen in der Literatur lange die Bedeutung politischer Gespräche hervorgehoben worden ist, dienten primär der Werbung um Aktionäre, Abonnenten und dem Erschließen anderer (auch dubioser) Geldquellen. Marx wollte sich ausgerechnet im Revolutionsjahr mit der Zeitung eine bürgerliche Existenz aufbauen – und ist gescheitert. Bis Mai 1849 hatte er sein ganzes Geld in die Zeitung investiert, zuletzt die Gesamthaftung übernommen, und war dann nach der Liquidation mittellos.

Die Zeitung erschien seit dem 1. Juni 1848 sieben Mal wöchentlich, ab August (nach Protesten der Drucker und Setzer) sechs Mal. Die Abonnentenzahl betrug anfangs weniger als 1000, stieg zeitweise über 3000 und soll zuletzt bei 5000–6000 gelegen haben. Diese Auflage – bei der immer ein hoher Multiplikationsfaktor hinsichtlich der Leserschaft zu bedenken ist – ist im Vergleich zu zahllosen anderen Zeitungsgründungen 1848/49 beachtlich, selbst wenn die alteingesessene *Kölnische Zeitung* in diesem Zeitraum ihre Auflage von 9000 auf 17 000 steigern konnte. Die NRZ hat verschiedentlich am Rande des Zusammenbruchs gestanden. Die dünne Kapitaldecke (weniger als die Hälfte der vorgesehenen Aktien war gezeichnet worden), das Abspringen von Aktionären (weil ihnen das Blatt zu radikal war), Streiks der Drucker und Setzer, das Verbot während des Belagerungszustandes in Köln (26.9.–3.10.1848) führten wiederholt zu finanziellen Engpässen. Ob die NRZ auf Dauer hätte überleben können, wenn Marx nicht Mitte Mai 1849 ausgewiesen worden wäre, lässt sich nicht sagen.

‹Marx und seine Zeitung› ist ein besonders schlagender Fall hinsichtlich der Diskrepanz zwischen der Wahrnehmung, die damalige Leser gehabt haben dürften, und derjenigen, die sich bei der Lektüre nur der von Marx und/oder Engels stammenden Artikel in Werkausgaben (mit variierenden Zuschreibungen) ergibt. Die Artikel erschienen, wie üblich, anonym. Wieweit die Leserschaft die Autoren der redaktionellen Beiträge identifizieren konnte, ist offen. Die Gesamttendenz des Blattes wird jedoch Marx zugerechnet worden sein.

Eine Ausnahme war das von Georg Weerth betreute Feuilleton. Ferdinand Freiligrath, der am 12. Oktober 1848 in die Redaktion eingetreten war, steuerte politische Gedichte bei. Er war Anfang Oktober 1848 in Düsseldorf wegen seines, als Flugblatt verbreiteten Gedichts auf die Berliner ‹Märzgefallenen› und die Opfer des Pariser Juniaufstandes, «Die Toten an die Lebenden», angeklagt und nach dem Freispruch von einer großen Volksmenge gefeiert worden. Die NRZ gewann mit ihm eine Figur von nationaler Prominenz.

Für die große Wirkung in der Öffentlichkeit, die sich auch in zahlreichen Nachdrucken in anderen Zeitungen auswies, müsste das gesamte Blatt herangezogen werden, nicht nur die von Marx oder Engels stammenden Artikel. Hier können nur die Tendenzen der Berichterstattung benannt werden. Die Zeitung hatte den Untertitel «Organ der Demokratie». Das war ausreichend unbestimmt, um das linke Spektrum der politisierten Öffentlichkeit ansprechen zu können. Die NRZ sah ihre Aufgabe darin, die heterogenen demokratischen Kräfte kritisch zu betrachten. Das galt insbesondere für die linken Fraktionen der deutschen Nationalversammlung in Frankfurt bzw. der preußischen in Berlin. «Wir haben wiederholt erklärt, dass wir [...] uns nicht scheuen, von Zeit zu Zeit den Zorn selbst der äußersten Linken von Berlin und Frankfurt auf unser Haupt zu ziehen» (29.10.1848). Das war untertrieben, denn man pflegte einen Antiparlamentarismus, der in seiner Aggressivität dem der politischen Rechten nicht nachstand. Die Revolution galt schon durch die Einberufung der Nationalversammlungen als verloren. In Frankfurt hätte man als «revolutionär-aktive Versammlung» alle Macht an sich reißen müssen, anstatt sich «als gelehrtes Konzil» mit «parlamentarischen Schulübungen» abzugeben (7.6.1848). Größere Beachtung fand die preußische Innenpolitik. Die Einberufung einer preußischen Nationalversammlung bedeutete per se die Festschreibung preußischer Staatlichkeit, was dem Ziel einer unitarischen deutschen Republik im Wege stand. Dies wurde nicht explizit gesagt. Marx hat anfangs Hoffnungen auf die vom Kölner Bankier Ludolf Camphausen geführte Regierung (29.3.–20.6.1848) gesetzt. Aber Camphausen hatte sich auf den ‹Rechtsboden› gestellt, dass die Nationalversammlung zur «Vereinbarung» einer Verfassung mit dem König einberufen sei. Mit der ständigen Rede der NRZ von der «Vereinbarungs-Versammlung» wurde diese Institution angegriffen.

Nach Camphausens Rücktritt wurden alle weiteren Wendungen der preußischen Politik als Weg in die Konterrevolution attackiert. Nur selten wurde die Rolle der relativ starken Linken in der preußischen Nationalversammlung (zu der als einziger Kommunist d'Ester zählte) gewürdigt.

Ausführlich wurden die Entwicklungen in Europa kommentiert, wozu eine Vielzahl ausländischer Zeitungen ausgewertet wurde. Besondere Beachtung fanden die französischen Verhältnisse, speziell der Juniaufstand 1848 und seine massive Unterdrückung. Da Marx später eine vertiefte Analyse vornahm (S. 64), kann es zunächst bei dem pauschalen Hinweis bleiben.

Großen Raum nahm die Berichterstattung über die Aufstände gegen das Habsburger-Reich in Ungarn und Italien ein. Dahinter stand die Überzeugung, die Revolution könne im europäischen Kontext nur vorangehen, wenn das Habsburger-Reich als ein Eckpfeiler der Heiligen Allianz zerbrochen werde. Russland als Stütze aller reaktionären Systeme war der größte Feind. Nur mit einem Krieg gegen Russland könne die Revolution in Deutschland siegen. Die Unterstützung der polnischen Unabhängigkeitsbestrebungen ebenso wie des Kampfes gegen Dänemark um Schleswig-Holstein stand ebenfalls unter dieser Prämisse. Während viele in ihrer Schleswig-Holstein-Euphorie die Gefahr eines großen europäischen Krieges nicht realisierten, wurde dieser von Marx und Engels gewünscht.

Engels fasste 1884 das politische Programm der Zeitung zusammen: «Einige, unteilbare, demokratische, deutsche Republik und Krieg mit Rußland, der Wiederherstellung Polens einschloss». Beim ersten Thema war man aus taktischen Überlegungen zurückhaltend, beim zweiten ließ man es an Deutlichkeit nicht fehlen.

Absurd sind Engels' Behauptungen, die NRZ sei das einzige Blatt gewesen, in dem die rheinischen Arbeiter «ihre Interessen offen und entschieden vertreten sahen» (1850), oder keine andere deutsche Zeitung, weder vorher noch nachher, habe so sehr die «proletarischen Massen elektrisiert» (1884). Die Lage der rheinischen Arbeiterschaft hat kaum eine Rolle gespielt. Die Betonung der gesamteuropäischen Zusammenhänge entsprach schwerlich der Bewusstseinslage der Arbeiterschaft. Das Blatt richtete sich mit seiner elaborierten Sprache, den zahlreichen historischen Vergleichen und literarischen Anspielungen an eine intellektuelle Leserschaft. Schließlich war die Zeitung viel zu teuer, selbst wenn sich mehrere Personen die Kosten teilten – ein Quartalsabonnement entsprach etwa dem Wochenlohn eines Arbeiters.

Marx in der rheinischen Politik

Köln galt ab Mitte April 1848 als Sitz der Zentralbehörde des BdK, nachdem auch Schapper und Moll dorthin gekommen waren. De facto hat Marx seine Aktivitäten für den BdK eingestellt. Als es seit ca. November 1848 Bestrebungen gab, die konspirative Organisation wiederzubeleben, war Marx dagegen. Treibende Kraft war Moll, der zwischenzeitlich nach London zurückgekehrt war und dort eine neue Zentralbehörde konstituiert hatte. Er nahm bis Frühjahr 1849 auf Reisen quer durch Deutschland die Gründung bzw. Reaktivierung von Bundesgemeinden vor.

Marx' öffentliche Tätigkeiten beschränkten sich auf Köln; an den Demokraten-Kongressen Mitte Juni in Frankfurt und Ende Oktober 1848 in Berlin nahm er nicht teil.

Marx engagierte sich in der Kölner *Demokratischen Gesellschaft* mit ca. 700 Mitgliedern. Für sie nahm er Ende Juni 1848 teil an den gescheiterten Fusionsverhandlungen mit dem Arbeiterverein und dem kleinen *Verein für Arbeiter und Arbeitgeber* (in dem der Rechtsreferendar Hermann Heinrich Becker eine Führungsrolle spielte). Man einigte sich nur auf einen gemeinsamen Kreisausschuss der demokratischen Vereine, dem auch Marx angehörte. Auf dem rheinischen Demokraten-Kongress Mitte August in Köln ist Marx nicht als Redner aufgetreten, jedoch in Diskussionen am Rand durch seine Überheblichkeit (und eine heftige, beinahe körperliche Auseinandersetzung mit dem Bonner Kunsthistoriker Gottfried Kinkel) aufgefallen.

Marx war als Staatenloser vorsichtig. Der Kölner Stadtrat hatte zwar am 2. Juni seine am 13. April beantragte Niederlassung genehmigt, aber am 3. August erhielt Marx den Bescheid der Bezirksregierung, er gelte weiterhin als Ausländer. Sein Protest beim Innenminister mit Verweis auf einen Beschluss des Bundestags des Deutschen Bundes zugunsten politischer Flüchtlinge wurde am 12. September mit dem Argument zurückgewiesen, er sei 1845 auf eigenen Antrag aus dem preußischen Bürgerrecht entlassen worden.

Marx trat nicht als Redner bei den Volksversammlungen in Köln auf, die ab 7. September 1848 gegen den Malmöer Waffenstillstand protestierten; bei der Versammlung in Worringen (mit ca. 10000 Teilnehmern) am 17. September war er wahrscheinlich gar nicht anwesend. Preußen hatte im Namen des Deutschen Bundes gegen Dänemark wegen Schleswig-Holstein Krieg geführt, dann eigenmächtig einen Waffenstillstand ausgehandelt. Die Nationalversammlung hatte das Abkommen am 5. September zunächst abgelehnt, am 16. September aber doch mit knapper Mehrheit angenommen. Die Angriffe auf die «Verräter» der Paulskirche verbanden sich mit dem Ruf nach der «demokratisch-sozialen, roten Republik». Die Kundgebungen wurden von Bürgers, Engels, Dronke, Wilhelm Wolff im Zusammenspiel mit Schapper und Moll organisiert. Sie dominierten im «Sicherheitsausschuss», in den sich auch Marx wählen ließ. Am 25. September warnte Marx davor, die Sicherheitskräfte zu provozieren, aber Moll rief zum Bau von Barrikaden auf. Engels, Dronke und W. Wolff haben sich an diesem Tag aus Köln abgesetzt, um Verhaftungen wegen der Versammlung in Worringen zu entgehen. Am folgenden Tag verhängte der Kölner Festungskommandant den Belagerungszustand, obwohl die Barrikaden kampflos geräumt worden waren, und «suspendierte» die NRZ sowie einige andere Blätter.

Eine prominente Rolle spielte Marx in der ‹Steuerverweigerungskampagne›. Die Entscheidung des preußischen Königs vom 9. November, die Nationalversammlung wegen der «anarchischen» Zustände in Berlin zu vertagen und nach Brandenburg zu verlegen, hielt deren Mehrheit für rechtswidrig. D'Ester schlug am 11. November einen Aufruf zum Steuerboykott vor, wozu sich die Versammlung am 15. November (vor ihrer Auflösung durch das Militär) entschloss. Marx hat bereits am 12. November in der NRZ zum Steuerboykott aufgerufen und dies als Mitglied des Kreisausschusses der Demokraten zwei Tage später wiederholt. Zunächst rief er zu passivem Widerstand auf, am 19. November erhob er die Forderung, die Landwehr zum bewaffneten Widerstand zu mobilisieren, nahm dies nach einer gerichtlichen Vorladung zwei Tage später wieder zurück. Die Boykott-Kampagne ist in Köln aufgegeben worden, ging jedoch in anderen Städten wie Düsseldorf und Bonn weiter. Die NRZ druckte vom 20. November bis 17. Dezember jeweils auf dem Kopf der Zeitung «Keine Steuern mehr!!!».

Marx im Kölner Arbeiterverein

Der Kölner Arbeiterverein war von Andreas Gottschalk am 13. April 1848 gegründet worden und hatte in wenigen Monaten über 7000 Mitglieder gewonnen – eine sensationell hohe Zahl für eine Stadt von 90 000 Einwohnern. Der populäre Gottschalk besaß großes Sendungsbewusstsein. Am 11. Mai trat er aus dem Kommunistenbund aus. Dem müssen Spannungen über die Ausrichtung des Arbeitervereins und über Gottschalks Verweigerung der Unterstützung bürgerlicher Demokraten bei den Wahlen zur deutschen und preußischen Nationalversammlung vorausgegangen sein. Auch die weiteren Aktivitäten des Arbeitervereins mit zahlreichen Petitionen zu sozialen und ökonomischen Fragen sind von Marx abgelehnt worden, der zwar Mitglied des Vereins war, sich dort jedoch zurückhielt.

Nachdem Gottschalk seit dem 3. Juli in Untersuchungshaft saß, hatten Moll und Schapper die Leitung des Arbeitervereins übernommen. Da Schapper am 25. September verhaftet worden und Moll geflohen war, erklärte sich Marx Mitte Oktober bereit, den Vorsitz zu übernehmen, solange Gottschalk in Haft sei. Er wollte wohl einen Gottschalk-Anhänger verhindern. Er tat nichts, um den Niedergang des Vereins zu stoppen, der um das Jahresende 1848 nur noch 700 Mitglieder hatte.

Als Gottschalk am 23. Dezember freigesprochen worden war, räumte Marx nicht den Platz. Es kam zu heftigen Konflikten, in denen Gottschalk unterlag, sich aus Köln zurückzog, Marx aber publizistisch attackierte. Eingebettet war dies wie im Vorjahr in einen Streit um das Verhalten bei den Wahlen, diesmal zur preußischen Zweiten Kammer. Gottschalk wollte Arbeiter als Kandidaten aufstellen, Marx setzte sich für ein Bündnis mit bürgerlichen Demokraten ein, was auch zum Erfolg führte. Arbeiterverein und Demokratische Gesellschaft organisierten gemeinsam Bankette mit mehreren tausend Teilnehmern zu den Jahrestagen der französischen Februarrevolution und des Berliner März-Aufstandes. Dann kam ein Schwenk. Zum einen zeigte Marx ein inhaltliches Interesse am Arbeiterverein und kündigte Vorträge an. Zum anderen nahm er Verbindungen zu der von Stephan Born gegründeten *Allgemeinen Deutschen Arbeiterverbrüderung* auf.

Born hatte auf eigene Initiative seit April 1848 zunächst in Berlin eine Arbeiterorganisation und seit Herbst die überregional agierende Arbeiterverbrüderung aus Vereinen und Gewerkschaften aufgebaut, die politische wie soziale Forderungen vertrat und auf Distanz zum Bürgertum ging. 1849/50 zählte die Organisation schließlich ca. 18 000 Mitglieder in 170 Ortsvereinen. Marx hat Borns Aktivitäten nicht unterstützt, aber auch nicht bekämpft. Nachdem Born Ende Januar 1849 auf einem Heidelberger Kongress auch süddeutsche Vereine für die Arbeiterverbrüderung gewonnen hatte, besuchte er Marx und die NRZ-Redaktion; über mögliche Abmachungen kann man nur spekulieren.

Der Kölner Arbeiterverein hat am 14. April 1849 seinen Austritt aus dem Verbund der demokratischen Vereine erklärt, der (auf einmal) «zu viele heterogene Elemente» umfasse; ferner zwei Tage später den Anschluss an die Arbeiterverbrüderung und schließlich am 23. April die Einladung zu einem Kongress der Arbeitervereine des Rheinlands und Westfalens ausgesprochen. Nur beim ersten Beschluss war Marx anwesend. Ob ihm danach Schapper das Heft aus der Hand genommen hat, muss offenbleiben. Marx war um den 14. April aus Köln abgereist, um in Bremen, Hamburg, Ostwestfalen Mittel für die Fortführung der Zeitung aufzutreiben; zurückgekehrt ist er wahrscheinlich am 15. Mai.

Als Beleg für Marx' Neuorientierung gilt eine Folge von fünf, vom 5. bis 11. April 1849 in der NRZ erschienenen Leitartikeln mit dem Titel «Lohnarbeit und Kapital». Es geht um die Klärung ökonomischer Grundbegriffe sowie Prognosen über die Zunahme von Arbeitsteilung und Maschineneinsatz, den relativen Rückgang der Löhne, die zunehmende Proletarisierung. Es handelt sich um die Wiederverwendung von Vorträgen, die Marx Ende 1847 im Brüsseler Arbeiterverein (und in Wien Anfang September 1848) gehalten hatte. Die Veröffentlichung war damals nicht zustande gekommen; der Schluss fehlte, blieb auch, obwohl angekündigt, in der NRZ aus. Der Text hätte auch zu einem beliebig anderen Zeitpunkt publiziert werden können, war als Leitartikel in diesen aufregenden Tagen deplatziert. Anscheinend wollte Marx nicht den Anschluss an eine organisierte Arbeiterbewegung verlieren, die sich ohne sein Zutun entwickelte hatte, und sofort wieder einen Führungsanspruch als Theoretiker erheben.

Ausweisung aus Preußen und Reichsverfassungskampagne

Gegen Marx waren mehrere Verfahren anhängig, jedoch kam es nur zu zwei Verhandlungen vor Geschworenengerichten – Bestandteil des in der Rheinprovinz weiterhin geltenden französischen Rechts – am 7. und 8. Februar 1849. Beide endeten mit Freispruch für die Angeklagten. In dem einen Fall waren Marx, Engels und der Gerant Korff wegen Beleidigung eines Staatsanwalts und von Polizisten in der NRZ angeklagt, in dem anderen Marx, Schapper und der Rechtsanwalt Karl Schneider wegen des Aufrufs zur Steuerverweigerung. Marx zeigte sich erhaben: «Ich verfolge lieber die großen Weltbegebenheiten, ich analysiere lieber den Gang der Geschichte, als daß ich mich mit Lokalgötzen, mit Gendarmen und Parquets [Staatsanwälten] herumschlage.» Er nutzte die Bühne, um der Regierung jegliche Legitimität abzusprechen. Auf der Tagesordnung stehe: «Vollständiger Sieg der Kontrerevolution oder neue siegreiche Revolution. Vielleicht ist der Sieg der Revolution erst möglich nach vollendeter Kontrerevolution.» Die Prozessreden der Angeklagten sind in der NRZ und als Broschüre veröffentlicht worden. (1885 wurde die zweite Rede von Marx unter dem Titel, *Karl*

Marx vor den Kölner Geschwornen, nachgedruckt. Engels zog die Lehre im Hinblick auf das Sozialistengesetz: Man könne nicht von einer Partei Einhaltung der Gesetze verlangen, wenn man sie zuvor außerhalb des Rechtes gestellt habe.)

In Reaktion auf diese Verfahren forderte der Kölner Festungskommandant am 17. Februar 1849 von den Zivilbehörden, Marx im Interesse der öffentlichen Sicherheit auszuweisen. In einem sich bis zum 19. April hinziehenden Abstimmungsprozess zwischen Bezirksregierung, Oberpräsident und Innenminister wurde festgelegt, dass die Bezirksregierung diese Entscheidung nach eigenem Ermessen treffen solle, zur Vermeidung von Protesten jedoch erst, wenn Marx einen unmittelbaren Anlass liefere. Marx' Ausweisung aus Preußen wurde am 11. Mai verfügt und ihm am 16. Mai zugestellt. Warum diese Entscheidung zu diesem Zeitpunkt getroffen wurde, ist nicht klar. Marx habe sein «Gastrecht» missbraucht, in den neuesten Ausgaben der NRZ sei immer stärker «zur Verachtung der Regierung, zum gewaltsamen Umsturz und zur Einführung der sozialen Republik» aufgereizt worden. Die Behörden bestanden nicht auf der ursprünglich gesetzten Frist von 24 Stunden, machten aber klar, dass auch andere Redakteure ohne preußische Staatsbürgerschaft ausgewiesen werden könnten und dass gegen Engels (wegen Beteiligung am Elberfelder Aufstand) Haftbefehl ergehen werde. Damit war das Ende der Zeitung besiegelt – für die Behörden eine elegante Lösung.

Immerhin konnte am 19. Mai noch eine letzte Ausgabe erscheinen. Die wenigen Seiten wurden in roter Farbe gesetzt. Diese «rote Abschiedsnummer» wurde in mindesten 17 000 Exemplaren gedruckt und erregte großes Aufsehen. Freiligrath dichtete ein Abschiedswort, das den Dolchstoß in den Rücken anprangerte. Hinzu kam (zum wiederholten Mal) ein Appell an die Arbeiter Kölns, sich nicht zu Aktionen hinreißen zu lassen, welche die Verhängung des Belagerungszustandes provozieren könnten. Das letzte Wort der Zeitung sei: «Emancipation der arbeitenden Klasse».

Die Arbeit an der Legende hatte Engels zwei Tage zuvor begonnen. «Die ‹Neue Rheinische Zeitung› war auch auf den Elberfelder Barrikaden vertreten», nämlich in seiner Person. Er schildert, wie er am 11. Mai in Elberfeld vom Sicherheitsausschuss mit der Überwachung des Barrikadenbaus beauftragt, drei Tage später von diesem aus der Stadt hinauskomplimentiert worden ist, damit keine «Mißverständnisse über den Charakter der Bewegung» entstünden. Engels dementiert, dass er die «rote Republik» habe ausrufen wollen, und behauptet, die bewaffneten Arbeiter hätten an seiner Seite gestanden. (Später hat er ein ganz anderes Bild von deren Haltung gezeichnet.)

Der Aufstand in Elberfeld (und in Düsseldorf, Solingen, Iserlohn sowie anderen Orten) war Teil jener Bewegung, die mit Erhebungen in der bayrischen Pfalz und in Baden sowie in Dresden (3.–9. Mai 1849) begonnen hatte. Es ging nach der endgültigen Ablehnung der Kaiserwürde durch Friedrich Wilhelm IV. (28. April) darum, alle deutschen Staaten zur Annahme der Verfassung zu nötigen. Der gängige Begriff ‹Reichsverfassungskampagne› ist möglicherweise durch die 1850 erschienene Artikelserie von Engels, «Die deutsche Reichsverfassungskampagne», geprägt worden. Dort findet sich die klassisch gewordene Formel: «denjenigen, denen es ernst war mit der Bewegung, war es nicht ernst mit der Reichsverfassung, und denen es ernst war mit der Reichsverfassung, war es nicht ernst mit der Bewegung». Für die einen ging es darum, das Erreichte zu verteidigen, für die anderen, die – wie die NRZ – für die Verfassung mit Erbkaisertum nur Spott übrig gehabt hatten, die Revolution weiterzuführen. In Baden kam es zur Revolution, obwohl der Großherzog die Reichsverfassung anerkannt hatte.

Über die Aktivitäten von Marx und Engels nach dem Weggang aus Köln (19. oder 20. Mai) liegen nur die Darstellungen von Engels in der Schrift zur Reichsverfassungskampagne und in seiner Würdigung von Wilhelm Wolff (1876) vor. Beide sind zunächst nach Frankfurt gefahren, wollten dort einige linke Abgeordnete dafür gewinnen, die badische Revolutionsarmee zum Schutz der Nationalversammlung nach Frankfurt zu rufen. Danach appellierten sie an Einheiten der Aufständischen in Mannheim und Ludwigshafen, auf eigene Faust loszumarschieren, versuchten in Karlsruhe vergeblich, den Landesausschuss der badischen Volksvereine (die De-facto-Regierung nach der Flucht von Großherzog und Regierung) dafür zu gewinnen. Danach suchten sie in der Pfalz (die ihre Unabhängigkeit von Bayern erklärt hatte) Kontakt zur dortigen Provisorischen Regierung, bei der d'Ester als Berater mitwirkte. Nach Gesprächen mit d'Ester in Kaiserslautern (ca. 25./26. Mai) wollten sie nach Bingen, wurden von hessischen Truppen verhaftet, nach Darmstadt, dann Frankfurt verbracht. Nach der Freilassung in Frankfurt ging es nach Bingen; nach etwa fünf Tagen fuhr Marx am 2. oder 3. Juni nach Paris, Engels ging in die Pfalz, stritt sich mit der Provisorischen Regierung und schloss sich Mitte Juni einem von August Willich geführten Freikorps an, das sich nach der Niederschlagung des Aufstands durch preußische Truppen einen Monat später über die Schweizer Grenze rettete.

Marx hat sich von d'Ester namens des nur noch auf dem Papier bestehenden Zentralausschusses der Demokraten ein Mandat geben lassen, in Paris «bei den französischen Sozial-Demokraten die deutsche revolutionäre Partei zu vertreten».

Kritiker, ob von rechts oder von links, konnten es so sehen: Marx hatte auf nationaler Ebene Politik immer nur mit seiner Zeitung gemacht, ohne Verständnis für die Entscheidungszwänge potentieller Verbündeter. Er hatte persönliches Risiko und eine Gefährdung seines Unternehmens (was die NRZ im doppelten Sinne war) zu vermeiden gesucht. Er ließ sich in alle möglichen Gremien wählen, tat aber nichts. Er rief zu bewaffnetem Widerstand auf, aber bitte nicht in Köln. Er zog sich zurück, als andere seit Mai 1849 ihr Leben riskierten.

Des Reputationsproblems im (potentiell) eigenen Lager war sich Marx bewusst. Er hat sich im Juli/August 1849 mit Engels brieflich darauf verständigt, dass dieser seine Erinnerungen über den pfälzisch-badischen «Ulk» niederschreibe. Nach Engels war es wichtig, dass «einer von der NRZ dabei war, weil alles demokratische Lumpenpack in Baden und der Pfalz war und nun mit nicht getanen Heldentaten renommiert. Es würde wieder geheißen haben: die Herren der NRZ seien zu feig sich zu schlagen» (an Jenny Marx, 25.7.1849).

In der im Frühjahr 1850 erschienenen Darstellung erklärte

Engels, er habe «die einzige Stellung [angenommen], die die ‹Neue Rheinische Zeitung› in dieser Bewegung einnehmen konnte: Die des Soldaten». Die «Partei des Proletariats» habe sich besonders stark in den Kämpfen engagiert, mit dem in einer Schlacht gefallenen Joseph Moll «einen ihrer unermüdlichsten, unerschrockensten und zuverlässigsten Vorkämpfer» verloren. Damit hat Engels eigentlich Marx desavouiert, dies entweder nicht bemerkt oder im Sinne einer Flucht nach vorn hingenommen. Es wurde eine Einheit zwischen NRZ und «Partei des Proletariats» suggeriert, die es während des Revolutionsjahres nicht gegeben hatte.

Wieder in Paris

In Paris konnte Marx nur eine Beobachterrolle einnehmen. Die Wahlen zur Nationalversammlung am 13. Mai 1849 hatten eine deutliche Mehrheit der Konservativen (‹Partei der Ordnung›) über die republikanisch-sozialistische Fraktion (‹Bergpartei›, ‹Montagne›, in Erinnerung an die radikale Fraktion im Nationalkonvent von 1792) erbracht. Die Montagne unter Führung von Alexandre Ledru-Rollin scheiterte am 11. Juni in der Nationalversammlung mit dem Antrag auf Anklage wegen Verfassungsbruchs gegen den Staatspräsidenten Louis Bonaparte und dessen Regierung. Für den 13. Juni organisierte die Montagne eine Massenkundgebung; ob dies eine friedliche Demonstration oder ein Signal zum bewaffneten Aufstand sein sollte, ist umstritten. Die Versammlung wurde mit massivem Militäreinsatz aufgelöst; nennenswerter Widerstand wurde nicht geleistet, sei es wegen fehlender Revolutionsbereitschaft in der Pariser Bevölkerung, sei es wegen unzureichender Planung.

Die nach dem 13. Juni verschärften Repressionen der Regierung nahm Marx mit seiner üblichen Genugtuung zur Kenntnis, dass sie eine neue Revolution provozieren würden. Die Verfolgungen erstreckten sich auch auf Ausländer als Teil einer angeblich internationalen Verschwörung. Am 19. Juli erhielt Marx die Verfügung, er habe sich im Departement Morbihan (Bretagne) niederzulassen. Marx protestierte mit der Erklärung, er sei nur wegen ökonomischer Studien nach Paris gekommen.

Am 16. August wurde sein Einspruch abgelehnt, ihm dann aber die Ausreise nach London freigestellt und seiner Familie Aufschub gewährt. Marx hat am 24. August Paris verlassen und ist drei Tage später in London eingetroffen. Seine Familie, die am 7. Juli nach Paris gekommen war, folgte Mitte September. Um den 10. November kam Engels aus der Schweiz nach London.

VI. London – Das Elend des Exils

London wurde nach den gescheiterten Revolutionen zum Sammelplatz politischer Flüchtlinge aus ganz Europa. Viele, die in der Schweiz Zuflucht gefunden hatten, kamen nach der Verschärfung der dortigen Ausländerpolitik nach London, oft als Zwischenstation, bevor sie in die USA weiterzogen.

England wies keinen Flüchtling ab oder aus. Ausländer konnten sich in Vereinigungen zusammenfinden und eigene Presseorgane gründen. Es gab diskrete Überwachungen durch die (im Vergleich zu anderen Ländern unterentwickelte und von der Öffentlichkeit kritisch beäugte) Polizei, doch keine Briefkontrollen und Hausdurchsuchungen. Man ließ aber auch Spitzel im Dienste anderer Regierungen gewähren.

Das «Flüchtlingselend» der Familie Marx

Marx führte in London das Leben eines mittellosen Flüchtlings, der zudem durch die Sorge um eine wachsende Familie und Schicksalsschläge belastet wurde. Jenny war hochschwanger nach London gekommen. Im Oktober bezog die Familie eine Wohnung in Chelsea. Der am 5. November 1849 geborene Sohn Guido verstarb nach einem Jahr (19.11.1850). Zwischenzeitlich, im April 1850, war man auf die Straße gesetzt worden, weil die Miete nicht bezahlt werden konnte; das Gleiche passierte, als man danach einige Wochen in einer Pension untergekommen war. Ende Mai 1850 wurde eine Wohnung mit zwei möblierten Zimmern in der Dean Street im heruntergekommenen Stadtteil Soho bezogen, zum Jahresende wechselte man in der gleichen Straße in eine Dreizimmerwohnung. Die am 28. März 1851 geborene Tochter Franziska wurde nur ein Jahr alt († 16. April 1852). Auf die Geburt von Eleanor am 16. Januar 1855 folgte am 6. April der Tod des achtjährigen Edgar. Ein weiteres Kind verstarb sofort nach der Geburt Anfang Juli 1857. Alle Familienmitglieder sind immer wieder von Krankheiten geplagt. Bei Marx betrifft dies Atemweg-, Gallen- und Leberbeschwerden, Augenentzündungen, Furunkel und vieles mehr, bei seiner Frau treten neben diversen Krankheiten wiederholt schwere Depressionen auf.

Immer wieder drohte der Verlust der Wohnung wegen Mietschulden, konnten Bäcker, Fleischer, Milchmann, Gastwirt nicht bezahlt werden, erst recht nicht Arztrechnungen beglichen oder Medikamente gekauft werden, standen Klagen und Pfändungen an, wurde alle Habe, selbst Kleidungsstücke, ins Pfandhaus gebracht.

Die schwierige Lage der Familie Marx soll nicht bestritten werden. Aber viele, zu Herzen gehende Details kennen wir nur aus den Briefen von Karl wie Jenny an Freunde und Verwandte, in denen sie Forderungen stellten oder um Mitleid heischten, es mit der Wahrheitsliebe nicht übertrieben und moralische Erpressungen nicht scheuten. Es gab immer wieder Besuche bei der Verwandtschaft in Trier und in Holland, um an Geld zu kommen; auch entfernte Verwandte wurden angegangen.

Marx lebte ständig über seine Verhältnisse. Mit etwa 200 £ im Jahr (ein Pfund entsprach damals ungefähr sieben Talern) hätte man in London auf dem Niveau der unteren Mittelklasse leben und besser wohnen können als in Soho. Als Marx ab 1852 gute, wenn auch schwankende Einnahmen durch seine Zeitungsartikel erzielte, hätte er, jedenfalls mit den immer wieder von Engels, aber auch von anderen erhaltenen Zuwendungen, zurechtkommen können. Es sollte der Eindruck sozialen Abstiegs (Jenny bezeichnete sich auf Visitenkarten als geborene ‹Baronesse von Westphalen›) vermieden, die Fassade der ‹Respektabilität› gewahrt werden. Neben ‹Lenchen› Demuth wurde ein Kindermädchen beschäftigt, Marx leistete sich in den ersten

Jahren mit dem jungen Wilhelm Pieper einen ‹Sekretär›, obwohl der sich als wenig kompetent herausstellte. Ging eine größere Geldsumme ein, wurde auf großem Fuß gelebt. «Die Existenz des Marx besteht in Pendelschwingungen zwischen Champagner und Pfandhaus», beobachtete ein österreichischer Polizeispitzel 1859. Daran änderten auch mehrere große Erbschaften nichts: Ca. 280 £ für Jenny 1856 nach dem Tod eines Onkels und ihrer Mutter; ca. 580 £ für Karl 1864 nach dem Tod seiner Mutter (hinzuzurechnen sind ca. 400 £, die er in den drei Jahren zuvor von Onkel Lion Philips ausgezahlt bekommen hatte); im folgenden Jahr erhielt Marx 825 £ als Legat von Wilhelm Wolff († 9.5.1864), der seit 1853 in Manchester als Privatlehrer gearbeitet hatte. 1856 bezog man ein Haus im Nordosten Londons, 1864 ein größeres in der Nähe. Immer wieder liefen Schuldenberge auf, was nicht allein am Abtragen von Altlasten gelegen haben kann.

Engels als Finanzier

Engels war im Herbst 1850 in die Firma Ermen & Engels in Manchester eingetreten und vertrat dort mit Erfolg das Interesse seines Vaters gegenüber den Geschäftspartnern. Er begann als Angestellter mit ca. 100 £ plus Spesen, erhielt später eine Gewinnbeteiligung, so dass sein Einkommen kontinuierlich anstieg und um 1860 bei ca. 1000 £ lag. 1864 wurde er Teilhaber, ließ sich 1869/70 auszahlen und zog nach London um. Im ersten Jahrzehnt dürften sich die Zahlungen an Marx (anfangs auch heimlich aus der Firmenkasse) auf jährlich mindestens 50–60 £ belaufen haben, danach auf 200–300 £, gelegentlich mehr. Für die 1850er Jahre sind die Honorare für die Zeitungsartikel hinzuzurechnen, die Engels als ‹Ghostwriter› für Marx verfasst hat (S. 79). Als Engels aus der Firma ausschied, beglich er die Schulden von Marx (einige hundert Pfund) und setzte ihm eine Leibrente von jährlich 350 £ für die «gewöhnlichen, regelmäßigen Bedürfnisse» aus. Dass Engels nach heutigen Kategorien Multimillionär geworden war, verdankte er anscheinend nicht nur den Gewinnen aus einer florierenden, auf Strickgarne spezialisierten Fabrik, die um 1860 ca. 800 Arbeiter, davon

600 Frauen, beschäftigte, sondern auch privaten Börsengeschäften.

Die Geldzahlungen wurden in einem fast geschäftsmäßigen Ton abgesprochen. Der Dank von Marx war oft routiniert kurz. Gelegentlich hielt er es für angebracht, genauer darzulegen, welche unumgänglichen sozialen Verpflichtungen, widrigen Umstände oder bösartige Menschen seine Finanznot verursacht hatten.

Nur einmal ist eine größere Verstimmung erkennbar, als Marx zum Tod von Engels' langjähriger Lebensgefährtin Mary Burns im Alter von 41 Jahren (6.1.1863) nur ein paar dürre Zeilen schrieb und sich anschließend ausführlich über seine Geldsorgen verbreitete. Als Engels tief gekränkt reagierte (dennoch auf Marx' Problem einging), rang Marx sich nach einer ungewöhnlichen ‹Funkstille› von zehn Tagen einen Brief ab, den man bei gutem Willen als Entschuldigung deuten konnte. Engels war erleichtert, dass ihre Freundschaft keinen Schaden genommen hatte.

Marx und mehr noch seine Frau, die immer eine förmliche Distanz zum «lieben Herrn Engels» hielt, haben diese Abhängigkeit auch als bedrückend empfunden. Dies dürfte auch in Familienbriefen Ausdruck gefunden haben, die aber von den Marx-Töchtern vernichtet worden sind.

Einen Freundschaftsdienst der besonderen Art soll Engels geleistet haben, als ‹Lenchen› Demuth am 23. Juni 1851, knapp drei Monate nach der Geburt von Franziska Marx, einen Sohn zur Welt brachte. Er erhielt den Namen Frederick, im Geburtsregister wurde kein Vater eingetragen. Im Freundes- und Familienkreis wurde der Eindruck erweckt, Engels sei der Vater. Er hat vermutlich die Unterbringung in einer Pflegefamilie bezahlt. Drei Jahre nach Engels' Tod hat dessen letzte Haushälterin August Bebel informiert, Engels habe ihr kurz vor seinem Tod enthüllt, das Kind sei von Marx. Als der genannte Brief 1962 publiziert wurde, wurde er von orthodoxer Seite als Fälschung abgetan. In Moskau in den 1930er Jahren gesammelte Zeugnisse zeigen, dass Bebel, Bernstein und auch Marx' Tochter Eleanor die Angabe für glaubwürdig hielten, jedoch peinlich darauf bedacht waren, das Geheimnis zu bewahren. Diese Materialien sind bis zur ‹Wende› Ende des 20. Jahrhunderts unter Verschluss gehalten worden. Über die Beweiskraft dieser Indizien darf man weiter streiten. Bemerkenswert ist, dass die Sache so lange als Politikum behandelt wurde.

Die NRZ-Revue

Am 23. August 1849 schrieb Marx an Engels, sie könnten in London eine Zeitschrift herausgeben; ein Teil des benötigten Geldes sei schon beisammen. Welcher Art die Zusagen waren, ist unbekannt. Immerhin konnte 1850 die *Neue Rheinische Zeitung. Politisch-ökonomische Revue, redigirt von Karl Marx* (= NRZ-Revue) als Monatsschrift erscheinen. Bei der neuen Erscheinungsweise könne man nicht «Widerspiegelung der Tagesgeschichte» bieten, dafür «ein wissenschaftliches Eingehen in die ökonomischen Verhältnisse, welche die Grundlage der ganzen politischen Bewegung bilden».

Bis Ende Mai erschienen vier Hefte. Danach kam es zu einer Unterbrechung. Ende November 1850 wurde nochmals ein Doppelheft publiziert, dann musste die NRZ-Revue ihr Erscheinen einstellen. Von unwesentlichen Ausnahmen abgesehen, stammten die Texte sämtlich von Marx und Engels, die namentlich ausgewiesen wurden. Engels veröffentlichte hier seine ‹Reichsverfassungskampagne›.

Marx legte in den ersten drei Heften der NRZ-Revue unter dem Titel «1848 bis 1849» eine Analyse der französischen Entwicklung vor. Alle wichtigen Etappen seien unter die Überschrift «Niederlage der Revolution!» zu stellen, doch werde sich gerade daraus eine «wirklich revolutionäre Partei» entwickeln. Mit der Februarrevolution 1848 war die Macht der Finanzaristokratie gebrochen. Danach kam eine breite Koalition von der industriellen Bourgeoisie über das Kleinbürgertum bis zu den Arbeitern an die Macht. Die mit der Beschwörung der ‹Brüderlichkeit› zugekleisterten Klassengegensätze brachen auf, als das Bürgertum nicht mehr bereit war, die Nationalwerkstätten zu finanzieren. Der gescheiterte Arbeiteraufstand Ende Juni 1848 war die erste große Schlacht zwischen Arbeit und Kapital.

Danach kam es zum Bruch zwischen der republikanischen Fraktion der Bourgeoisie und dem Kleinbürgertum aus Kleinhändlern und Handwerkern, dessen Forderungen unerfüllt blieben. Mit der Wahl von Louis Bonaparte zum Staatspräsidenten (10. Dezember 1848), mit der sich erstmals die vom allgemeinen Wahlrecht profitierenden Bauern als politischer Faktor geltend machten, verlor das republikanische Bürgertum seine Machtbasis. Es fusionierte deshalb mit den royalistischen Fraktionen im Frühjahr 1849 zur «Partei der Ordnung», dem ein neues Bündnis aus enttäuschten Kleinbürgern, Bauern und Proletariat gegenüberstand, das im Juni an der legalistischen Haltung der Montagne scheiterte. Seitdem haben sich das desillusionierte Proletariat und Teile des Kleinbürgertums so radikalisiert, dass sie unter Führung der Kommunisten zu einer neuen Revolution bereit sind, die nicht nur die Veränderung der Staatsform, sondern die Umwälzung der Gesellschaftsordnung bringen werde. «Die Klassendiktatur des Proletariats» ist der «notwendige Durchgangspunkt zur Abschaffung der Klassenverhältnisse überhaupt». (Mehr wird dazu nicht gesagt, auch nicht an anderen Stellen. Das änderte sich auch nicht, als Marx ein Vierteljahrhundert später darauf zurückkam; S. 112 f.).

Marx thematisiert den Zusammenhang zwischen Klasseninteressen, Parteibildungen, Verfassungs-, Steuer- und Wirtschaftspolitik in einer Weise, wie dies wohl kein anderer Zeitgenosse gemacht hat. Des Problems, objektive Klassenlagen mit Fraktionsbildungen und der Eigendynamik politischer Kämpfe zu vermitteln, ist er sich bewusst; dennoch werden Klassen im Prinzip als Akteure verstanden, die ‹notwendig› gemäß ihren Interessen handeln oder es jedenfalls dann tun (werden), wenn sie sich ihrer Illusionen entledigt haben.

Engels hat den Text 1895 neu herausgegeben und um einen kurzen Abschnitt aus dem letzten Heft der NRZ-Revue erweitert, in dem Marx die Revolutionserwartung an den Ausbruch einer großen Wirtschaftskrise geknüpft hatte. Diese Neuausgabe bekam den ‹knackigen› Titel *Die Klassenkämpfe in Frankreich 1848–1850*. Engels erklärt den Text aus den Entstehungsbedingungen und demonstriert zugleich seine Aktualität. Der erste Versuch einer materialistischen Analyse von Zeitgeschichte habe nicht zu den letzten ökonomischen Ursachen durchdringen können, die nur aus größerer Distanz zu analysieren seien. Die Revolutionen 1848/49 seien an ihrer Fixierung auf die Wiederholung der Großen Französischen Revolution gescheitert; das Proletariat habe sich in Barrikadenkämpfe treiben lassen, die es nicht gewinnen konnte. In der Gegenwart sei diese Art des Aufstands ohne jede Chance. Inzwischen habe das allgemeine Wahlrecht die Chance auf einen legalen Machtgewinn eröffnet; man lasse sich aber das Recht auf Revolution angesichts der Staatsstreichdrohungen von oben nicht nehmen. Da dies der letzte größere Text von Engels war, entbrannte sofort der Streit, ob sein ‹politisches Testament› Absage an die Revolution sei oder nicht.

Der 18. Brumaire des Louis Bonaparte

Neue Publikationsmöglichkeiten taten sich für Marx auf, als Weydemeyer Ende 1851 nach Amerika auswanderte. Er wollte in New York eine Wochenzeitung, *Die Revolution,* herausgeben. Angekündigt wurden Artikel von Marx zum Staatsstreich von Louis Bonaparte. Sie trafen erst ein, nachdem im Januar 1852 *Die Revolution* nach zwei Ausgaben finanziell am Ende war. Schließlich gelang es im Mai, Marx' Artikelserie *Der 18. Brumaire des Louis Bonaparte* als Broschüre zu veröffentlichen. Finanzierung und Verbreitung war ‹Parteisache›. Ein gerade aus Frankfurt eingetroffener Kommunist stellte seine Ersparnisse zur Verfügung, Adolf Cluß, altes BdK-Mitglied und Mitbegründer des Mainzer Arbeitervereins 1848, der in Washington lebte, steuerte ebenfalls Geld bei und nahm Kontakte zu (ehemaligen) BdK-Mitgliedern in verschiedenen amerikanischen Städten auf, die den Vertrieb vornehmen sollten.

Marx hat eine Revision des in der NRZ-Revue gezeichneten Bildes der französischen Entwicklung seit 1848 vorgenommen. Sie war nicht in einen neuen Klassenkampf zwischen Bourgeoisie und Proletariat gemündet, sondern in den Staatsstreich des Präsidenten Louis Bonaparte, des Neffen Napoleons, am 2. Dezember 1851. Dies war nachträglich durch eine Volksabstimmung legitimiert worden, die Bonaparte eine Präsidentschaft auf zehn Jahre zusprach. Es geht notabene nicht um die Selbsterhebung zum Kaiser als Napoleon III., die ein Jahr später erfolgte. Marx bietet eine tief in die verfassungspolitischen Details eindringende Analyse des Dualismus zwischen Parlament und Präsidenten. Der Text ist auch ein sprachliches Kunstwerk, das eine Vielzahl literarischer Anspielungen enthält. Der Titel zieht die Parallele mit dem Staatsstreich des ersten Napoleon am 9. November 1799, dem 18. Brumaire des Jahres 8 nach dem Revolutionskalender, nur dass es sich nun um eine Farce handle, da mit dem Napoleon-Neffen eine windige und lächerliche Figur an die Macht gekommen sei. Es soll erklärt werden, warum das Bürgertum, das sich im Juni 1849 brutal gegen das Proletariat durchgesetzt hatte, seine politische Macht nicht behalten, sondern an ein autoritäres System abgetreten hatte. Bonaparte habe einen, aus dem Ancien Régime stammenden militärisch-bürokratischen Staatsapparat vollständig aus den gesellschaftlichen Bindungen gelöst und unter seine Kontrolle gebracht. Mit der Garantie von Eigentum und Ordnung sowie der Aufwertung der Kirche habe er das Bürgertum, mit dem Versprechen materieller Begünstigungen das «Lumpenproletariat», mit der Beschwörung der Tradition Napoleons die Kleinbauern (denen dieser ihr Privateigentum garantiert hatte) auf seine Seite gebracht, insgesamt sich als «patriarchalischer Wohltäter aller Klassen» inszeniert. (Dass Bonaparte auch beachtliche Teile der städtischen Arbeiter und Kleinbürger gewonnen hatte, konnte oder wollte Marx nicht sehen.) Das Proletariat müsse in einer künftigen Revolution den Staatsapparat zerstören.

Verspätete Wahrnehmung

Der Text war «mehr für Europa als für Amerika geschrieben» (Jenny Marx). In Deutschland wollte sich kein Verlag mit Marx einlassen. Versuche, größere Teile der in den USA gedruckten Auflage in Europa zu verbreiten, hatten kaum Erfolg.

Marx hat den Text erst 1869 in Deutschland veröffentlichen können. Er wollte den Hamburger Verleger Otto Meißner, der das *Kapital* herausgebracht hatte, eigentlich für eine Ausgabe Gesammelter Schriften gewinnen, konnte aber nur die Neuausgabe des *18. Brumaire* erreichen. Marx hat seinen alten Text (weitgehend) unverändert abgedruckt. Er umging so die Frage, warum die Herrschaft Napoleons III., der er eine kurze Dauer vorhergesagt hatte, immer noch bestand.

Die zahlreichen Publikationen, die sich inzwischen mit dem System Napoleons III. unter den promiscue gebrauchten Schlagworten ‹Caesarismus› und ‹Bonapartismus› befasst hatten, wollte Marx nicht diskutieren. Er wolle zur «Beseitigung der jetzt namentlich in Deutschland landläufigen Schulphrase vom sogenannten Cäsarismus» beitragen; diese «oberflächliche geschichtliche Analogie» ignoriere, dass sich in der Antike der Klassenkampf zwischen «freien Reichen und freien Armen», ohne Beteiligung der Sklaven, abgespielt habe. Diese, durch den zeitlichen Abstand zwischen Erst- und Zweitveröffentlichung motivierte Bemerkung ist in der marxistischen Althistorie des 20. Jahrhunderts zu einer substantiellen Äußerung hochgespielt worden.

Als Engels 1885 den Text neu herausgab, erklärte er ihn zu einem wissenschaftsgeschichtlichen Dokument. Marx habe schon vor 35 Jahren das «große Bewegungsgesetz der Geschichte entdeckt», dass alle Kämpfe auf politischem, religiösem, philosophischem, ideologischem Gebiet «mehr oder weniger» Ausdruck von Klassenkämpfen seien. In Briefen der 1890er Jahre, in denen Engels (in Erwartung späterer Veröffentlichung) die «materialistische Geschichtsauffassung» erläuterte, führte er den *18. Brumaire* als Beleg dafür an, dass es nicht um ökonomischen Reduktionismus gehe, sondern gerade dieser Text zeige, welche Bedeutung Staat und Politik beizumessen sei.

Große ‹Karriere› machte der Text in der Theoriegeschichte des 20. Jahrhunderts. In den späten 1920er Jahren erkannte August Thalheimer im *18. Brumaire* ein Kategoriensystem, mit dem sich der zeitgenössische Faschismus erfassen lasse. Auch in der (nicht notwendig marxistischen) Geschichts- und Politikwissenschaft des späten 20. Jahrhunderts ist die Marx-Engels'sche-Bonapartismustheorie (die aus verschiedenen Stellungnahmen ‹zusammengefügt› werden musste) auf Formen autokratischer, jedoch plebiszitär (schein-)legitimierter Herrschaft angewendet worden.

Schließlich ist der Text im Kontext der ‹Rekonstruktion› der Marx'schen Klassen-, Staats-, Geschichtstheorie diskutiert worden. Die Aussagen zu den französischen Parzellenbauern, die objektiv eine einheitliche Klasse bilden, wegen ihrer Vereinzelung nicht zu einer handlungsfähigen Klasse auf nationaler Ebene werden können, wurde als Unterscheidung von Klasse ‹an sich› und ‹für sich› ausgelegt, obwohl das explizit bei Marx nicht steht. Für die Staatstheorie wurde die Feststellung über einen sich verselbständigen Staatsapparat zentral, für die Geschichtstheorie die Sentenzen zum Verhältnis von objektiven Bedingungen, Traditionen, Wiederholungszwängen und Handlungsspielräumen: «Die Menschen machen ihre eigene Geschichte, aber sie machen sie nicht aus freien Stücken unter selbstgewählten, sondern unter unmittelbar vorhandenen, gegebenen und überlieferten Umständen. Die Tradition aller toten Geschlechter lastet wie ein Alp auf dem Gehirne der Lebenden.»

Spaltung des Kommunistenbundes

Die Führer der Londoner Kommunisten hatten seit Herbst 1848 die Rolle der Zentralbehörde für sich reklamiert und den Geheimbund in Deutschland zu reorganisieren versucht, damals zum Unwillen von Marx. Marx und Engels sind um die Jahreswende 1849/50 Mitglieder der Zentralbehörde geworden, in die auch Willich aufgenommen wurde. Mit einer «Ansprache» (Rundschreiben) vom März 1850 und der Entsendung eines ‹Emissärs› (Heinrich Bauer) sollte der Bund in Deutschland reaktiviert werden. Die «März-Ansprache» enthält eine implizite Kritik an Marx' Taktik 1848. Man habe den Fehler gemacht, die Geheimorganisation aufzugeben und sich den bürgerlichen Demokraten unterzuordnen. Bei der nächsten, bald ausbrechenden Revolution müsse man eine Doppelstrategie verfolgen, indem man den Sieg der kleinbürgerlichen Demokraten fördere, sie mit einer selbständigen Organisation bewaffneter Arbeiter ständig unter Druck setzen, und nach dem französischen Muster von 1793 eine Revolution in Permanenz in Gang bringen.

Es kam zu Spannungen zwischen Marx/Engels und der Mehrheit der Zentralbehörde, die sich um Willich und den im Juli 1850 hinzugekommenen Schapper formierte. Willich wollte den Konflikt durch eine Generalversammlung aller Londoner BdK-Mitglieder (ca. 50–80) entscheiden lassen, in der ihm eine Mehrheit sicher war. Marx brachte zuvor eine Sitzung der Zentralbehörde am 15. September zustande, in der er mit sechs gegen vier Stimmen den Beschluss durchbrachte, in London zwei getrennte Kreise zu bilden, und die Funktion der Zentralbehörde nach Köln zu übertragen. Die Fraktion Willich-Schapper akzeptierte das nicht, nahm für sich in Anspruch, allein für den Kommunistenbund zu stehen, schloss die Fraktion Marx aus; darauf antwortete die neue Kölner Zentralbehörde mit dem Ausschluss der Fraktion Willich-Schapper. Aus der Trennung in zwei Fraktionen, die nur für London gelten sollte, war eine Spaltung des gesamten BdK geworden.

Aus Sicht von Marx ging es darum, dass die Gegenseite auf eine unmittelbare Revolution dränge, während er die Arbeiter lehre, sich auf «15, 20, 50 Jahre Bürgerkrieg» einzustellen. Mit dieser im September 1850 formulierten Position hat er eine deutliche Abkehr von der noch im Frühjahr vertretenen vollzogen. Dass man sich von kurzfristigen Revolutionserwartungen verabschieden müsse, war von nun an seine feste, nur gelegentlich von Euphoriephasen überdeckte Überzeugung.

Die große Mehrheit der Londoner Kommunisten folgte Willich-Schapper. Nachdem Engels Mitte November 1850 nach Manchester gezogen war, blieb Marx nur ein kleiner Kreis von Anhängern. Dazu zählte Wilhelm Liebknecht. Er hatte am Putschversuch Gustav Struves in Baden im September 1848 und am badisch-pfälzischen Aufstand 1849 teilgenommen, war später in Genf Vorsitzender des deutschen Arbeitervereins und nach Ausweisung aus der Schweiz im Mai 1850 nach London gekommen. Liebknecht wurde ein Hausfreund der Familie Marx, von Marx (zeitlebens) als ein Gehilfe betrachtet, bei dem immer mit Dummheiten zu rechnen sei. Die Fraktion Marx in

London, ca. 15–20 Mann stark, hat sich nach der Spaltung darauf beschränkt, sich einmal wöchentlich in einem Pub zu treffen.

Die meisten Kommunisten in der Schweiz, in Brüssel und Paris haben sich der Fraktion Willich-Schapper angeschlossen. Das galt auch für einen Teil des BdK in Deutschland. Marx titulierte die Organisation von Willich-Schapper als ‹Sonderbund›, eine Anspielung auf die Sezession der katholischen Kantone der Schweiz, die 1847 von der protestantischen Mehrheit besiegt worden waren. Die faktische Majorität wurde als illegitime, reaktionäre Minderheit abgestempelt – eine erfolgreiche Sprachpolitik, jedenfalls im Hinblick auf die spätere Historiographie.

Gerüchte und Spione

Marx hat einem vom deutschen Arbeiterverein im September 1849 gegründeten Flüchtlingskomitee angehört. Als es Bestrebungen anderer Emigrantengruppen gab, die Flüchtlingshilfe durch eine umfassende demokratische Vereinigung zu organisieren, setzte der Arbeiterverein am 18. November 1849 ein «Sozialdemokratisches Unterstützungskomitee für deutsche Flüchtlinge» ein, dem mit Marx, Engels, Heinrich Bauer, Karl Pfänder und August Willich nur Kommunisten angehörten. In deutschen Blättern warb man um Unterstützung; Organisationen wurden in verschiedenen Städten gegründet. Das Spendenaufkommen ging deutlich zurück, als Vorwürfe laut wurden, man unterstütze nur Kommunisten und Marx bereichere sich an den eingehenden Geldern.

Den Unterschlagungsvorwürfen begegnete man mit der Veröffentlichung von Rechenschaftsberichten, die den Eindruck von Transparenz vermitteln sollten. Gerüchte über Missbrauch der Gelder sollten Marx noch lange verfolgen. Es war ein Mittel in politischen Schlammschlachten, das Marx in gleicher Weise gegen seine Gegner verwendete.

Das Milieu der deutschen Emigranten war durchsetzt von Zuträgern der preußischen und österreichischen Regierung. Sie produzierten auf Beobachtungen, Gerüchten, Phantasien beruhende Berichte, die für Ausweisungsforderungen an die englische Regierung und für lancierte Pressemeldungen genutzt wurden.

Die damals noch verbündeten Marx, Engels und Willich wurden in der ultrarechten *Neuen Preußischen Zeitung* (‹Kreuzzeitung›) mit dem Attentatsversuch auf Friedrich Wilhelm IV. am 22. Mai 1850 in Verbindung gebracht. Es tauchten auch ganz andere Gerüchte auf. Da sein Schwager Ferdinand von Westphalen seit Dezember 1850 preußischer Innenminister war, hieß es, Marx arbeite für dessen Polizei. Edgar Bauer, der seit 1852 als Journalist in London arbeitete, hat regelmäßig Berichte an die dänische Polizei geliefert, auch viele Gespräche mit Marx geführt, ohne dass dieser Bauers Rolle durchschaut hätte. (Die Dossiers sind in den 1980er Jahren entdeckt worden.) Laut Bauer war es «Sitte unter den Flüchtlingen, daß mindestens der dritte Mann in einer Gesellschaft für einen Spion gehalten wird [...]. Der Verdacht wird daher die Vereinzelung und den Untergang der Emigration als solcher vollenden.»

Marx hat sich an diesem Spiel mit der gleichen Hingabe wie seine Gegner beteiligt. Er unterhielt auch Beziehungen zu professionellen Informanten. Mit dem Journalisten Hermann Ebner in Frankfurt hatte er im Frühjahr 1851 Kontakt aufgenommen, weil der einen Verlagsvertrag für die «Ökonomie» vermitteln könne. Ebner hielt ihn über Monate hin. Marx war sicherlich nicht bewusst, dass es sich um einen langjährigen Agenten der österreichischen Polizei handelte. Er hat Ebner im Sommer 1851 einen anscheinend zur Veröffentlichung gedachten Text über die Emigranten geliefert, der bei der österreichischen Polizei gelandet ist. Er ist aus deren Akten 1956 veröffentlicht worden, hat in MEGA² den Titel «Skizzen über die deutsche kleinbürgerliche Emigration in London im Sommer 1851» erhalten.

Verdächtig machte sich Marx durch seine Kontakte mit János Bangya, einem ehemaligen Oberst der ungarischen Revolutionsarmee, der als angeblicher Journalist seit 1849 in Hamburg, London, Paris ständig Kontakte zu den Emigranten verschiedener Nationalität gepflegt hatte, bei vielen als Agent der österreichischen und möglicherweise weiterer Regierungen galt.

Seit Frühjahr 1852 stand Bangya in Verbindung mit Marx. Er

bot Marx an, einen Bericht über die deutschen Emigranten bei einem Berliner Verlag unterzubringen. Mit Unterstützung von Engels und Dronke verfasste Marx den Text und erhielt das verabredete Honorar von 25 £. Ständige Verzögerungen weckten das Misstrauen von Marx' Freunden. Als Ende Oktober klar war, dass der angebliche Verlag nicht existierte, und der Verdacht aufkam, das Manuskript sei an die Berliner Polizei gegangen, wollte Marx dies zunächst nicht glauben und trennte sich erst gegen Jahresende 1852 von Bangya.

Dass Bangya tatsächlich für die österreichische und französische Polizei gearbeitet hat, ist seit den späten 1930er Jahren aus Aktenfunden bekannt, aber das sagt nichts über den Kenntnisstand von Marx. Er hat wegen der doppelten Perspektive – Honorar und Abrechnung mit seinen Feinden – die Augen verschlossen. Er hat sich von Bangya alle möglichen Informationen geben lassen. Offen bleibt, was Marx seinerseits Bangya mitgeteilt, ob er andere gefährdet hat, und wenn ja, ob fahrlässig oder absichtlich. Letzterer Vorwurf ist schon im Nachgang zum Kölner Kommunistenprozess gemacht und später wiederholt worden. Ins Zwielicht hat Marx sich selbst gebracht. Deshalb wurden auch in der Erstausgabe des Briefwechsels Marx–Engels 1913 die Passagen zu Bangya gestrichen. Das an Bangya gelieferte Manuskript ist 1930 auf Russisch veröffentlicht worden und auf Deutsch in MEW unter dem Titel «Die großen Männer des Exils».

Marx hat für Ebner und Bangya zusammengetragen, was ihm aus Presseveröffentlichungen, Flugblättern, Berichten seiner Zuträger über die Aktivitäten der nichtsozialistischen Emigranten bekannt geworden war, mit denen er von Anfang an jede Zusammenarbeit abgelehnt hat. Er karikiert sie als eitle Selbstdarsteller ohne jeden Realitätssinn, die über Posten in einer zukünftigen Revolutionsregierung streiten. Das gilt für relativ bekannte deutsche Emigranten wie Arnold Ruge und Gottfried Kinkel (dessen Aktivitäten Marx noch jahrelang eifersüchtig verfolgen sollte), aber auch für wirklich prominente Revolutionshelden wie Giuseppe Mazzini und Lajos Kossuth.

Man könnte diese Geschichten ignorieren, wenn sie nicht bezeichnend wären für Marx' Isolation in der internationalen Emigrantenszene und die schmutzigen Grabenkämpfe, in die er sich lange verstrickte, und wenn ihn nicht der Fluch des ‹Klassiker›-Status in Form posthumer Publikation getroffen hätte.

Der Kölner Kommunistenprozess

Seit Oktober 1852 entwickelte Marx große Betriebsamkeit im Hinblick auf den Kölner Kommunistenprozess. Die Aktivitäten der Kölner Zentralbehörde waren eineinhalb Jahre zuvor von den Behörden aufgedeckt worden. Am 10. Mai 1851 war der Kölner Emissär Peter Nothjung in Leipzig verhaftet worden. Bei ihm wurden – Meisterleistung der Konspiration – Namenlisten im Klartext gefunden, zudem weitere Materialien des BdK. Heinrich Bürgers wurde am 23. Mai in Dresden festgenommen. Zwischenzeitlich wurden in Köln u.a. Peter Gerhard Röser (1849 Präsident des Arbeitervereins, jetzt Leiter der Kölner Zentralbehörde), Hermann Becker und Roland Daniels verhaftet; Freiligrath war rechtzeitig nach London entkommen.

Zum Verfahren gegen elf Angeklagte vor dem Kölner Geschworenengericht kam es erst vom 4. Oktober bis 12. November 1852. Nach jedem Verhandlungstag erschienen ausführliche Berichte in der *Kölnischen Zeitung*, die Marx schon am Folgetag in London erhielt. Die Anklage wegen versuchten Hochverrats unterstellte kontinuierliche Aktivitäten des BdK seit 1847; die Trennung der Fraktionen Marx und Willich-Schapper sei unerheblich, da nur auf persönlicher Rivalität beruhend.

Röser, Nothjung und Bürgers gaben die Mitgliedschaft im BdK zu; der BdK habe sich auf Propaganda beschränkt; die Rede vom Umsturz der Staats- und Gesellschaftsordnung beziehe sich auf eine zukünftige Konstellation nach einer bürgerlichen Revolution. Die anderen Angeklagten stritten die Mitgliedschaft ab; am weitesten ging (zur Verärgerung von Marx) Becker, der jede Kenntnis des BdK leugnete und auf seine durchgängigen Differenzen mit Marx verwies.

Ab Mitte Oktober trat der Berliner Polizeirat Wilhelm Stieber als Zeuge auf. Stieber legte Materialien aus einem «Archiv» des

BdK vor, die eine Verbindung zwischen im September 1851 in Paris festgenommenen deutschen Kommunisten nicht nur mit Willich-Schapper, sondern auch mit Marx und der Kölner Gruppe beweisen sollten. (Die Aufstandspläne in Paris gingen auf Stiebers *agents provocateurs* zurück.) Ferner präsentierte er ein angeblich von Liebknecht erstelltes «Original-Protokollbuch», das u.a. belege, dass Becker Chef der Kölner Kommunisten sei. Stieber machte kein Hehl daraus, dass diese Unterlagen illegal beschafft worden waren.

Marx setzte alle Hebel in Bewegung, um nachzuweisen, dass das «Archiv» dasjenige des ‹Sonderbundes› und das «Protokollbuch» eine komplette Fälschung eines Polizeispitzels sei. Die von ihm mit Materialien versorgte Verteidigung konnte Stiebers «Beweise» zerpflücken und ihn im Kreuzverhör in zahlreiche Widersprüche verwickeln, so dass die Staatsanwaltschaft auf seine ‹Beweismittel› verzichtete.

Marx hatte – wie überwiegend die Öffentlichkeit – danach Freisprüche erwartet, wofür auch die Erfahrung mit rheinischen Geschworenengerichten bei politischen Prozessen sprach. Die Geschworenen erkannten jedoch auf schuldig bei Nothjung, Röser und Bürgers, die ihre BdK-Zugehörigkeit zugegeben hatten, was als Erfüllung des Tatbestandes versuchter Hochverrat gewertet wurde. Bei vier weiteren, darunter Becker und Friedrich Leßner, wurde Schuld im Sinne der Beihilfe konstatiert. Die (von den Berufsrichtern verhängten) Strafen zwischen drei und sechs Jahren waren angesichts des Delikts relativ milde, wurden jedoch mit Aberkennung der bürgerlichen Ehrenrechte verbunden, was verschärfte Haftbedingungen nach sich zog.

Noch während Marx die Materialien zur Entlastung der Kölner Angeklagten zusammenstellte, beschloss er, daraus eine Publikation zu machen. Sie wuchs zu einem kleinen Buch von etwa 80 Seiten an, *Enthüllungen über den Kommunistenprozess zu Köln*.

Marx kritisierte den Verfahrensverlauf als Ergebnis von Interventionen der Regierung. Dafür spricht vieles. Aber die Behauptung, die Auswahl der Geschworenen sei manipuliert worden, war falsch. Der Prozess ist (anders als viele Polizeimaßnahmen vor und während des Verfahrens) formal korrekt abgelaufen.

Mit großer Vehemenz werden die Rechtsbrüche und evidenten Falschaussagen Stiebers angeprangert. Marx erläutert seine in eine unbestimmte Zukunft verlagerte Revolutionserwartung. Gleichzeitig tut er alles, um die andere Fraktion nicht nur als Revolutionsphantasten darzustellen, sondern ihr Zusammenarbeit mit der preußischen Polizei zu unterstellen.

Der Text wurde in Basel gedruckt. Als 2000 Exemplare im März 1853 über die badische Grenze geschmuggelt werden sollten, wurden sie konfisziert. Marx' Hoffnung, nicht nur für seine Aufwendungen entschädigt zu werden (er habe seinen Mantel versetzt, um Schreibpapier kaufen zu können), sondern einen ordentlichen Gewinn zu erzielen, war dahin.

Parallel zum Druck in Basel wurde Cluß angehalten, als «Parteiehrensache» eine Veröffentlichung in den USA herbeizuführen. Cluß gelang es, im Frühjahr 1853 den Text in einer Emigrantenzeitung in Boston und als Einzelausgabe drucken zu lassen. Von der Broschüre gingen über 400 Exemplare an Marx; alle Bemühungen, größere Mengen nach Deutschland zu schmuggeln, sind gescheitert.

Der Text ist 1874/75 erstmals mit Autorenangabe nachgedruckt worden. Im Nachwort sagt Marx, er passe auf die aktuellen Methoden, mit denen gegen die inzwischen erstarkte Arbeiterpartei vorgegangen werde. Er habe die Ausführungen zur Fraktion Willich-Schapper nicht weglassen können, weil dies «Fälschung eines historischen Dokuments» bedeutet hätte. Die damaligen Umstände erklärten «die Bitterkeit des Angriffs auf die unfreiwilligen Helfershelfer des gemeinsamen Feindes». Beiden sei zugutezuhalten, dass im Exil «selbst tüchtige Persönlichkeiten für kürzere oder längere Zeit sozusagen unzurechnungsfähig» würden. Schapper (gestorben 1870) habe ihm noch seinen Irrtum eingestanden und Willich seine Tüchtigkeit im amerikanischen Bürgerkrieg (als General der Nordstaaten) bewiesen. Großmut à la Marx.

Als Engels zehn Jahre später während des Sozialistengesetzes den Text erneut publizierte, lag die Parallele zur Gegenwart auf der Hand. Engels nutzte sein ausführliches Vorwort, um den BdK als Anfang der deutschen wie internationalen Arbeiterbewegung darzustellen.

Er stützte sich auch auf die von Stieber gemeinsam mit dem Hannoverschen Polizeidirektor Wermuth 1853/54 ursprünglich für den Dienstgebrauch deutscher Polizeibehörden erstellte Dokumentation *Die Communisten-Verschwörungen des neunzehnten Jahrhunderts*. Dieses von «zwei der elendsten Polizeilumpen unseres Jahrhunderts zusammengelogene, von absichtlichen Fälschungen strotzende Machwerk» (Engels) enthielt auch die im Kölner Verfahren vorgelegten Dokumente des Kommunistenbundes. Nur durch diese Sammlung sind zentrale Texte des BdK einschließlich des ‹Sonderbundes› überliefert.

Das Ende der Partei Marx

Als Konsequenz aus dem Kölner Urteil hat Marx am 17. November 1852 einen Auflösungsbeschluss des Londoner Kreises des BdK herbeigeführt und die Fortsetzung des Bundes auf dem Kontinent für «nicht mehr zeitgemäß» erklärt. Das ist nur aus einem lapidaren Brief bekannt, den Marx damals an Engels geschrieben und auf den er sich 1860 bezogen hat.

Marx sprach weiterhin von seiner ‹Partei›. Gemeint war eine kleine Zahl von Gefolgsleuten, von denen er die Erfüllung aller möglichen Aufträge erwartete. Aber für die ehemaligen NRZ-Redakteure, die sich nach und nach in England eingefunden hatten, war die Sicherung der eigenen Existenz wichtiger – zum Unverständnis von Marx. Auf Weerth, Dronke, Ferdinand Wolff konnte er bald nicht mehr zählen. Auch von Wilhelm Wolff, der nach Manchester gegangen war, ohne Marx vorher zu fragen, war er enttäuscht. Freiligrath, der als kaufmännischer Angestellter arbeitete (und 1856 Leiter der Londoner Filiale einer Genfer Bank werden sollte), half Marx bei Geldtransaktionen, wollte sich aber nicht anderweitig engagieren lassen. In London blieb vor allem Liebknecht, der neben seiner Tätigkeit als Privatlehrer und Korrespondent deutscher Zeitungen im Umfeld des Arbeitervereins agierte.

Auch mit den Freunden in Amerika war bald nicht mehr viel

Partei zu machen. Weydemeyer und Cluß waren von Marx über den Auflösungsbeschluss nicht informiert worden, sie führten noch eine Zeit lang die Auseinandersetzung mit Willich fort, der inzwischen nach Amerika gekommen war. Aber dann nahm Weydemeyer diverse Berufstätigkeiten auf, der Kontakt zu Marx schlief ab Ende 1853 für eine Reihe von Jahren ein. Einen Bruch vollzog Mitte 1854 Cluß, der bis dahin Marx ständig über die amerikanischen Verhältnisse informiert hatte. Cluß machte Karriere als Stadtplaner in Washington.

Wichtigster Kontaktmann in Deutschland war Ferdinand Lassalle in Düsseldorf. Er hatte zwar nicht zum BdK gehört, betrachtete sich aber als Parteigänger von Marx, nach den Verhaftungen in Köln als «Letzten der Mohikaner im Rheinland». Wegen seiner Verbindungen und finanziellen Möglichkeiten war er für Marx unentbehrlich, auch wenn Marx einen ungehörigen Anspruch auf intellektuelle Gleichberechtigung witterte und auf Lassalles ausführliche Briefe oft verspätet oder gar nicht reagierte.

Marx nahm gern Informationen entgegen, die ihm über Lassalle zugingen und als Druckmittel nützlich sein konnten. Immer ging es auch um dessen viel Häme provozierende Lebensgemeinschaft mit der zwanzig Jahre älteren Sophie Gräfin von Hatzfeldt, deren Interessen Lassalle in einem sich über acht Jahre hinziehenden spektakulären Scheidungsprozess vertreten hatte und von der er nach erfolgreichem Abschluss 1854 mit einer üppigen Apanage belohnt worden war.

Neuer Journalismus

Seit Ende 1852 hat Marx etwa ein Jahrzehnt als Journalist gearbeitet, vor allem als Korrespondent für die *New York Tribune* (= NYT). Gegründet 1841, entwickelte sich die NYT rasch zur auflagenstärksten Zeitung der USA und schließlich weltweit. Ihre Gesamtauflage stieg von ca. 145000 im Jahre 1854 auf ca. 230000 im Jahre 1857. Der größte Teil entfiel nicht auf die täglich erscheinende Ausgabe, sondern die wöchentliche mit einer Auswahl der wichtigsten Artikel; hinzu kam noch eine zweimal wöchentlich erscheinende Auswahl. Die Proportionen von 1857 gelten mit geringen Schwankungen auch für die übrigen Jahre: *Daily Tribune:* 32 000; *Semi-Weekly Tribune*: 16 000; *Weekly Tribune*: 177 000.

Die NYT intensivierte seit Anfang der 1850er Jahre ihre Auslandsberichterstattung und engagierte Korrespondenten in Europa. Den Kontakt mit Marx hatte der für das Auslandsressort zuständige Redakteur Charles Dana aufgenommen. Er war während der Revolution in Deutschland gewesen und hatte Marx Ende 1848 in Köln kennengelernt. Das Angebot zur Mitarbeit erhielt Marx im Sommer 1851.

Unter Marx' Namen wurde zwischen Oktober 1851 und Oktober 1852 eine Artikelserie von 19 Folgen, «Revolution and Counterrevolution [in Germany]», veröffentlicht, gewürzt mit Attacken auf die Frankfurter Nationalversammlung. Daraufhin folgte das Angebot von Dana, regelmäßig über aktuelle europäische Politik zu berichten.

Marx war: Marx und Engels. «Revolution and Counterrevolution» hatte Engels verfasst, der auch danach Marx immer wieder seine Feder lieh. Soweit bisher bekannt, sind annähernd 500 von Marx eingeschickte Artikel gedruckt worden. Etwa ein Viertel stammt von Engels. Zu Lebzeiten von Marx blieb dies ein gegenüber der Redaktion wie allen anderen streng gehütetes Geheimnis, von dem nur Jenny Marx wusste. Immer wieder erbat Marx von Engels kurzfristig Artikel, weil nur Engels sie schreiben konnte (wie die militärischen Analysen) oder Marx krank, durch familiäre Sorgen belastet oder anderweitig beschäftigt war; das ging oft nach dem Motto: ‹bitte bis Dienstag, Thema egal›. Engels tat, was er nach einem langen Tag im Büro konnte.

Selbstverständlich gingen alle Honorare an Marx. Die NYT zahlte gut, zehn Dollar pro Artikel, ungefähr 2 £, allerdings nur, wenn die eingesandten Artikel auch gedruckt wurden. Die Zeitung hatte Marx 1855 angeboten, zwei Artikel pro Woche zu bringen; 1857 wurde dies dahin modifiziert, dass ein eingesandter Artikel honoriert werde, unabhängig davon, ob er abgedruckt werde, ein zweiter nur bei Erscheinen. Im Laufe des folgenden Jahres konnte Marx die Zahl der gedruckten Artikel wieder steigern; der deutliche Rückgang 1860 lag an seiner Okkupation durch die ‹Vogt-Affäre› (S. 88 ff.). Die Zusammenarbeit wurde im Frühjahr 1862 beendet, weil sich die NYT wegen des amerikanischen Bürgerkriegs auf die Innenpolitik konzentrierte und Dana sich aus der Redaktion zurückzog.

Für Marx war die Mitarbeit an der NYT in mehrfacher Hinsicht eine neue Erfahrung. Er lernte, auf Englisch zu schreiben. Er war zum ersten Mal von der Entscheidung eines Redakteurs abhängig, ob ein Text gedruckt wurde, hatte sich in der Themenwahl auf dessen Wünsche einzustellen. Manchmal wurde ein Text nicht gebracht, weil er nicht mehr aktuell schien; der Versand mit den Postschiffen von Liverpool oder Southampton dauerte gut zwei Wochen. Artikel wurden gekürzt, aufgeteilt, zusammengelegt. Am weitesten ging die redaktionelle Bearbeitung, wenn Zusendungen von Marx als anonyme Leitartikel veröffentlicht wurden. Marx protestierte, dass nur noch unbedeutendere Texte unter seinem Namen erschienen, und forderte, alle entweder namentlich oder anonym zu veröffentlichen. Die Redaktion entschied sich für letztere Lösung, so dass seit April 1855 der Autor Marx nicht mehr genannt wurde.

Die Übernahme als Leitartikel war Ausdruck der Wertschätzung der Redaktion. Knapp die Hälfte von Marx' (oder Engels') Texten wurde in dieser Form gedruckt; von ihnen wurde wiederum gut die Hälfte in die *Semi-Weekly Tribune* und knapp ein Drittel in die *Weekly Tribune* übernommen. Marx erreichte ein Publikum in einer Größenordnung wie niemals zuvor oder danach – nur blieb der Autor der Öffentlichkeit verborgen.

Die Mitarbeit von Marx an der NYT ist insofern vor allem für seine intellektuelle Biographie aufschlussreich. Er berichtete über die britische Innen-, Außen- und Kolonialpolitik, wertete dazu die englische Presse aus. Damit überwand er seine bisherige Fixierung auf die französische Politik. Zum englischen Parlamentarismus, der Kabinettspolitik und dem Chauvinismus der Öffentlichkeit entwickelte er eine zunehmend kritische Haltung. Wegen der weltpolitischen Rolle Großbritanniens widmete er sich erstmals außereuropäischen Verhältnissen, so in Indien und China.

Aus seiner Beobachterposition – Kontakte zu maßgeblichen englischen Politikern hatte er nicht – entwickelte Marx eine neue Form des Journalismus, in der die Zusammenhänge zwischen Außenpolitik, innerstaatlichen ökonomischen Entwicklungen und Welthandel thematisiert wurden. Er analysierte u. a. die englische Arbeitsschutzgesetzgebung, das Budget, das Bankengesetz, die Freihandelspolitik, neue Finanzierungsinstrumente, die Konjunkturzyklen, die Auswirkungen der Geldmarktkrise auf Industrie und Handel, wobei er als Folge der New Yorker Bankenkrise im August 1857 (vorübergehend) einen Zusammenbruch der internationalen Wirtschaft erwartete. Ein Teil der Materialien wurde später auch im *Kapital* verwendet.

In einer Reihe von Fällen hat Marx einen für Zeitungsartikel unverhältnismäßigen Aufwand betrieben, um aktuelle Probleme vor dem Hintergrund langer historischer Entwicklungen zu verstehen, so hinsichtlich der britischen Herrschaft in Indien, die 1853 als eine notwendige Zerstörung jahrhunderteralter Strukturen im Sinne einer Zivilisierungsmission erscheint, während vier Jahre später die negativen Folgen akzentuiert werden, nicht nur für Indien, sondern auch Großbritannien selbst. Die Aufwendungen für die Kolonialherrschaft überstiegen die Erträge, die nur einer korrupten Elite zugutekämen.

Die «orientalische Krise», die in den Krimkrieg münden sollte, hatte in Marx die Hoffnung auf den großen europäischen Krieg gegen Russland wiedererweckt. Die für den Krieg eintretenden Teile der britischen Öffentlichkeit setzten auf Lord Palmerston, der in der damaligen Regierung ‹nur› Innenminister war, nachdem er zuvor über Jahrzehnte als Kriegs- und Außenminister amtiert hatte.

Für Marx war Palmerston dagegen die Inkarnation einer heuchlerischen britischen Politik, die unter dem Deckmantel von Liberalisierung und Mächtegleichgewicht die Reaktion fördere. Marx steigerte sich in Verschwörungstheorien, wollte anhand der Parlamentsprotokolle und Regierungsdokumentationen nachweisen, dass Palmerston seit Beginn seiner Ministerzeit 1809 als bezahlter russischer Agent gewirkt habe. Die zwischen

Oktober 1853 bis 1854 in der NYT erschienenen Leitartikel zu Palmerston wurden in England in Massenauflagen (laut Marx über 50000) nachgedruckt, 1855 auch als Ganzes in einer Broschüre mit Angabe des Verfassers. Verbreitet wurden diese Texte in Sprachrohren des in innenpolitischen Fragen erzreaktionären, ehemaligen Abgeordneten David Urquhart, der seit Langem Schwärmerei für die Türkei und Hass auf Russland mit Verratsvorwürfen gegen Palmerston verband.

Von Juni 1856 bis April 1857 veröffentlichte Marx in Urquhart-Organen eine (unvollendete) Artikelserie, «Revelations of the Diplomatic History of the Eighteenth Century», in der er aufgrund von Dokumenten aus dem 18. Jahrhundert eine seit Peter dem Großen bestehende heimliche englisch-russische Zusammenarbeit beweisen wollte. Zudem stellte er Überlegungen zum «asiatischen» Charakter Russlands an, aus dem die Verbindung von Expansion nach außen und innerer Stagnation folge. (Der Text ist in den russischen Ausgaben und in MEW weggelassen worden.)

Marx hat zudem 1855 für die *Neue Oder-Zeitung* in Breslau und 1861/62 für die Wiener *Presse* (zusammen ca. 180) anonyme Korrespondenzen geliefert, oft Zweitauswertungen von Artikeln für die NYT, in der *Presse* aber auch zum amerikanischen Bürgerkrieg und zur Sklavenbefreiung, worauf hier nur summarisch verwiesen werden kann.

Marx hat sich wiederholt beklagt, das «Zeitungsschmieren» lasse ihm kaum Zeit für sein wissenschaftliches Projekt. Er hat weder Erstfassungen noch Belegexemplare (die er nur unregelmäßig erhielt) gesammelt. 1876 ließ er sich eine aus dem Nachlass von Weydemeyer stammende Sammlung seiner NYT-Texte zuschicken.

Eleanor Marx hat aus diesem Konvolut 1896 zunächst *Revolution and Counterrevolution in Germany* ediert, als Text ihres Vaters. Sie veröffentlichte auch eine Auswahl von Marx' Artikeln zum Krimkrieg (*The Eastern Question*). Dass diejenigen zu Militärfragen von Engels stammten, was dieser 1892 publik gemacht hatte, war ihr entgangen. In Weydemeyers Sammlung waren auch Stücke anderer Autoren, die irrtümlich als Marxsche identifiziert oder aus sachlichem Interesse aufgenommen worden waren. *The Eastern Question* enthielt auch eine Reihe solcher Texte Dritter.

Erst die späteren Autorschaftsbestimmungen ermöglichten, die Zeitungstexte der Jahre 1852–1862 für die Rekonstruktion diverser Elemente Marx'scher Theorie auszuwerten. Wie überzeugend (oder nicht) dies im Einzelfall erscheint – jedenfalls wird ihnen damit eine wissenschaftliche Bedeutung zugeschrieben, welche der Autor selbst nicht beansprucht hat.

VII. Neustart in London

Nachdem Marx viele Jahre selten als Autor erkennbar gewesen bzw. in Deutschland ganz aus dem Blickfeld geschwunden war, veröffentlichte er 1859 *Zur Kritik der politischen Ökonomie. Erstes Heft.*

Mit Beginn der Londoner Zeit hatte Marx seine Ökonomiestudien wieder aufgenommen; die Bibliothek des British Museum bot überreiches Material. Er glaubte im Frühjahr 1851, in wenigen Wochen «mit der ökonomischen Scheiße fertig» zu werden (an Engels, 2.4.1851). Engels ermunterte ihn, «mit einem dicken Buch vor dem Publikum» aufzutreten, so dass der «Bann gebrochen» werde, der durch die «lange Abwesenheit vom deutschen Büchermarkt» entstanden sei (27.11.1851). Ein Text kam nicht zustande, nur eine Anhäufung von Materialien.

Die weltweite Finanzkrise vom Herbst 1857 gab den Anstoß, das Werk endlich in Angriff zu nehmen: «ich arbeite wie toll die Nächte durch an der Zusammenfassung meiner ökonomischen Studien, damit ich wenigstens die Grundrisse im Klaren habe bevor dem déluge» (an Engels, 8.12.1857). Die Aussicht auf die Sintflut, die das System verschlingen werde, euphorisierte ihn; die Frage bleibt, wofür eine Theorie noch gebraucht wurde, wenn der mit ihr prophezeite Zusammenbruch eintrat.

Kritik der politischen Ökonomie

Zwischen August 1857 und Mai 1858 entstand ein umfangreiches Textkonvolut. Marx wurde sich immer mehr bewusst, dass es nicht in kurzer Zeit zur Publikationsreife zu bringen war. Es ist erst 1939/41 in Moskau unter dem von den Herausgebern stammenden Titel *Grundrisse zur Kritik der politischen Ökonomie (Rohentwurf)* ediert, damals wegen der Zeitumstände nicht wahrgenommen, erst durch die Neuausgabe 1953 zugänglich geworden.

Marx hatte zwischenzeitlich wieder Verbindung mit Lassalle aufgenommen, der eine Publikation in «zwanglosen Heften» vermitteln sollte. Lassalle brachte im März 1858 eine Vereinbarung mit dem Berliner Verleger Franz Duncker zustande, der ein bis zwei Lieferungen drucken, eine Fortsetzung vom Absatz abhängig machen wollte. Das für Mai angekündigte Manuskript des ersten Hefts ließ auf sich warten. Als Lassalle Ende Oktober eine erneute Mahnung mit der Ankündigung – für Marx Drohung – verband, er werde nun selbst ein Werk zur Ökonomie in Angriff nehmen, begann Marx mit der Niederschrift, die Ende Januar 1859 abgeschlossen war. Das Buch erschien im Juni.

Zur Kritik der politischen Ökonomie hat einen Umfang von knapp 150 Seiten (in modernen Ausgaben). Es sei der Auftakt zu einer Analyse des «Systems der bürgerlichen Ökonomie», die sechs Teile umfassen solle: «Kapital, Grundeigentum, Lohnarbeit; Staat, auswärtiger Handel, Weltmarkt». Das vorliegende erste Heft behandelte nur «Ware» und «Geld», noch nicht das «Kapital» als solches. Es geht um den doppelten Charakter der Ware, den Unterschied von Gebrauchs- und Tauschwert, und der Arbeit, die einerseits einen konkreten Gebrauchswert hervorbringt, andererseits einen vom Gebrauchswert unabhängigen, in Geld ausgedrückten Tauschwert hat. Es folgen Ausführungen zu den unterschiedlichen Funktionen und Gestalten von Geld.

Zur Kritik der politischen Ökonomie wurde erstaunlich gut verkauft, die Auflage von 1000 Exemplaren scheint innerhalb eines Jahres weitgehend abgesetzt worden zu sein. Dennoch hat das Buch überwiegend Ratlosigkeit ausgelöst. Es gab zwar nicht, wie Marx argwöhnte, eine ‹Verschwörung des Schweigens›, aber dass es sich um die «theoretische Begründung meines [Marx'] Kommunismus» handele (an Lassalle, 6.11.1859), ist den wenigen Rezensenten entgangen.

Ihnen erging es nicht anders als den Freunden, die eine propagandistisch verwertbare Darstellung erwartet hatten. Liebknecht äußerte sich grenzenlos enttäuscht. Engels war zunächst zurückhaltend, hat dann aber auf Bitte von Marx im Blatt des Londoner Arbeitervereins, *Das Volk*, eine Besprechung veröffentlicht, in der das Werk für die «deutsche proletarische Partei» reklamiert wurde. Zum Inhalt kam er nicht mehr, da die Zeitung eingestellt wurde. Diese Rezension ist kaum wahrgenommen bzw. bald vergessen worden, auch von Engels selbst. Lassalle lobte erst nach mehr als einem Jahr das «Meisterwerk», das nur den «wenigen Eingeweihten aller Zeiten» verständlich sei. Marx solle weiter schreiben, müsse dann «popularisiert werden, [...] Wirkung aus zweiter Hand empfangen» (11.9.1860).

Ein autobiographisches Vorwort

Das Buch hatte weder Einleitung noch Schluss, aber ein autobiographisches Vorwort von viereinhalb Seiten. «Diese Skizze über den Gang meiner Studien im Gebiet der politischen Ökonomie soll nur beweisen, daß meine Ansichten [...] das Ergebnis gewissenhafter und langjähriger Forschung sind.» Seit 15 Jahren habe er sich der Erforschung der politischen Ökonomie gewidmet, nur dass ihn verschiedene Umstände wie die Revolution 1848 und die Herausgeberschaft der NRZ an der Vorlage eines entsprechenden Werkes gehindert hätten. Erschwerend sei die «gebieterische Notwendigkeit einer Erwerbstätigkeit» hinzugekommen, die Korrespondenzen für die NYT seit nunmehr acht Jahren. Das war eine überraschende Mitteilung, die wohl auch Gerüchte über schmutzigen Gelderwerb dementieren sollte.

Eine Selbstdarstellung, die nur erläutert, warum ein großes Werk sich so lange verzögert hat und auch jetzt nur in Form einer kleinen ‹Anzahlung› vorliegt, ist nicht die beste Strategie, das Publikum zu gewinnen. Marx bot aber auf etwas mehr als einer Druckseite eine Zusammenfassung seiner Erkenntnisse über den Gang der Menschheitsgeschichte:

«In der gesellschaftlichen Produktion ihres Lebens gehen die Menschen bestimmte, notwendige, von ihrem Willen unabhängige Verhältnisse ein, Produktionsverhältnisse, die einer bestimmten Entwicklungsstufe ihrer materiellen Produktivkräfte entsprechen. Die Gesamtheit dieser Produktionsverhältnisse bildet die ökonomische Struktur der Gesellschaft, die reale Basis, worauf sich ein juristischer und politischer Überbau erhebt, und welcher bestimmte gesellschaftliche Bewußtseinsformen entsprechen. [...] Es ist nicht das Bewußtsein der Menschen, das ihr Sein, sondern umgekehrt ihr gesellschaftliches Sein, das ihr Bewußtsein bestimmt. Auf einer gewissen Stufe ihrer Entwicklung geraten die materiellen Produktivkräfte der Gesellschaft in Widerspruch mit den vorhandenen Produktionsverhältnissen [...]. Aus Entwicklungsformen der Produktivkräfte schlagen diese Verhältnisse in Fesseln derselben um. Es tritt dann eine Epoche sozialer Revolution ein. [...] Eine Gesellschaftsformation geht nie unter, bevor alle Produktivkräfte entwickelt sind, für die sie weit genug ist, und neue höhere Produktionsverhältnisse treten nie an die Stelle, bevor die materiellen Existenzbedingungen derselben im Schoß der alten Gesellschaft selbst ausgebrütet worden sind. [...]. In großen Umrissen können asiatische, antike, feudale und modern bürgerliche Produktionsweisen als progressive Epochen der ökonomischen Gesellschaftsformation bezeichnet werden. Die bürgerlichen Produktionsverhältnisse sind die letzte antagonistische Form des gesellschaftlichen Produktionsprozesses [...], aber die im Schoß der bürgerlichen Gesellschaft sich entwickelnden Produktivkräfte schaffen zugleich die materiellen Bedingungen zur Lösung dieses Antagonismus. Mit dieser Gesellschaftsformation schließt die Vorgeschichte der menschlichen Gesellschaft ab.»

Laut Bernstein (1899) legt Marx hier «die allgemeinen Grundzüge seiner Geschichts- oder Gesellschaftsphilosophie in so knappen, bestimmten, von allen Beziehungen auf Spezialerscheinungen und Spezialformen getrennten Sätzen dar, wie es in gleicher Reinheit nirgends anders geschehen ist».

Das ist noch zuzuspitzen: Marx hat eine konzise Zusammenfassung einer Theorie geboten, die er nirgendwo zusammenhängend entwickelt hat, und zwar aus der Not heraus, seinen Lesern etwas ‹Knackiges› bieten zu müssen.

Gern übersehen wird der Ort dieser Passage innerhalb der autobiographischen Skizze. Ihr voraus geht die Aussage, er habe 1844 erkannt, dass die «Anatomie der bürgerlichen Gesellschaft in der politischen Ökonomie zu suchen sei. Die Erforschung der letztern, die ich in Paris begann, setzte ich fort zu Brüssel, wohin ich infolge eines Ausweisungsbefehls des Herrn Guizot übergewandert war. Das allgemeine Resultat, das sich mir ergab, und einmal gewonnen, meinen Studien zum Leitfaden diente, kann kurz so formuliert werden [...].» Nachdem dies, wie oben zitiert, geschehen war, folgt, dass Engels auf anderem Weg zum gleichen Resultat gekommen sei, so dass im Frühjahr 1845 ihre Zusammenarbeit begonnen habe.

Marx spricht somit von den Vorannahmen, unter denen er eineinhalb Jahrzehnte zuvor seine ökonomischen Studien begonnen hat, nicht von den Resultaten «gewissenhafter und langjähriger Forschung», die er für den Inhalt des nachfolgenden Buches reklamiert.

Das Vorwort wurde zu einem, aus dem Entstehungskontext gelösten Schlüsseltext in den Debatten um materialistische Geschichtsauffassung seit den 1890er Jahren. Bernstein hat die flexible Formel des späten Engels, die ökonomischen Verhältnisse seien nur «in letzter Instanz» ausschlaggebend, als Revision des Marx'schen Determinismus von 1859 gedeutet, während Kautsky dies bestritten hat. Auch zahlreiche nichtmarxistische Kommentatoren haben sich, unter welchen Vorzeichen auch immer, auf Marx' Vorwort als grundlegende Äußerung bezogen.

Für den parteiamtlichen Marxismus stand fest, das Vorwort biete «eine abgeschlossene Formulierung der Grundsätze des Materialismus, ausgedehnt auf die menschliche Gesellschaft und ihre Geschichte» (Lenin 1915). Die (offiziöse) marxistische

Geschichtswissenschaft hat sich, bedingt auch durch (unterschiedliche) Festlegungen von Lenin und Stalin, über viele Jahrzehnte mit den ‹Gesellschaftsformationen› abgequält.

Im 20. Jahrhundert folgten endlose Debatten über die Vollständigkeit dieser Aussagen (Klassen und Klassenkampf kommen nicht vor), die Definition von Produktivkräften, Produktionsverhältnissen, Produktionsweisen, die Abgrenzung und Wechselbeziehung von Basis und Überbau. Eine Nebenfolge war das Eindampfen mancher Sätze zum Kalenderspruch: «Das Sein bestimmt das Bewußtsein.»

Streit mit Carl Vogt

Im Dezember 1860 veröffentlichte Marx *Herr Vogt*, ein Buch von 285 Seiten, an dem er fast ein Jahr lang gearbeitet hatte. Es handelte sich um eine Entgegnung auf Carl Vogt, *Mein Prozess gegen die Allgemeine Zeitung*, erschienen im Dezember 1859. Der als Naturwissenschaftler bekannte Vogt war in der Paulskirche ein Repräsentant der gemäßigten Linken gewesen und vom Stuttgarter ‹Rumpfparlament› im Juni 1849 als einer der fünf «Reichsregenten» bestellt worden. Danach hatte er zunächst in Bern gelebt, bevor er 1852 als Professor nach Genf berufen wurde. Dort wurde er 1856 Mitglied des Kantonsparlaments und Abgeordneter im eidgenössischen Ständerat. Er, der zuvor die Wichtigtuerei deutscher Exilpolitiker karikiert hatte, fühlte sich seit Frühjahr 1859 berufen, die Politik in Deutschland in dem Sinne zu beeinflussen, eine französische Intervention in Oberitalien zu unterstützen; die zu erwartende Niederlage Österreichs biete eine Chance, die deutsche Einheit unter preußischer Führung herzustellen; von Frankreich gehe keine Gefahr für Deutschland aus.

Vogt suchte für von ihm herauszugebende Publikationen namhafte Autoren zu gewinnen, denen er gute Honorare versprach. *Das Volk* brachte im Mai 1859 eine Attacke auf Vogt als Agent Napoleons III. und druckte im Juni ein Flugblatt nach, in dem behauptet wurde, Vogt versuche, mit hohen Geldsummen Zeitungsredaktionen zu ‹kaufen›. Liebknecht hatte dies in einem Korrespondentenbericht in der Augsburger *Allge-*

meinen Zeitung weiterverbreitet. Vogt reichte eine Verleumdungsklage gegen den Redakteur der Zeitung ein, die er im Oktober 1859 aus formalen Gründen verlor; er galt jedoch als moralischer Sieger.

Die Sache hätte damit erledigt sein können, wenn nicht Vogt, warum auch immer, in den Anlagen zu seiner Dokumentation des Prozesses schwere Beschuldigungen gegen Marx erhoben hätte. Marx sei das Haupt einer politkriminellen, als «Schwefelbande» oder «Bürstenheimer» bekannten Vereinigung. Laut Vogt nahm sie die Arbeiter aus, zog interne Gegner in Verschwörungen hinein und denunzierte sie dann bei der Polizei, wie die Kommunistenprozesse in Paris 1851 und Köln 1852 gezeigt hätten. Außerdem gingen hunderte von Erpresserbriefen an Personen, denen mit Enthüllungen über bisher den Behörden verborgen gebliebene Aktivitäten gedroht werde.

Diese Vorwürfe wurden im Presseecho auf Vogts Buch wiederholt. Noch bevor Marx es in Händen hatte, erfuhr er von entsprechenden Artikeln, die Ende Januar 1860 in der Berliner *Nationalzeitung* erschienen waren. Marx beauftragte einen Anwalt mit einer Klage gegen den verantwortlichen Redakteur. Auf eine Strafanzeige Mitte April 1860 reagierte die Staatsanwaltschaft in Berlin postwendend mit der Feststellung, es bestehe kein öffentliches Interesse an einer Strafverfolgung. Auch die Eröffnung eines Zivilverfahrens wurde im Juni abgelehnt; Einsprüche bei zwei höheren Instanzen blieben erfolglos. Die Begründungen, die *Nationalzeitung* habe nur Behauptungen anderer wiedergegeben und auch diese stellten keine Beleidigungen dar, empörten Marx zu Recht.

Seit Februar 1860 hatte Marx Material gesammelt, das er einerseits seinem Anwalt schickte, andererseits für eine Darstellung gegen Vogt verwenden wollte. Ab Mitte Februar hielt er sich sechs Wochen in Manchester auf, um gemeinsam mit Engels und Wolff das ‹Parteiarchiv› zu sichten. (Hier wurden alle irgendwo politisch relevanten Briefe und sonstige Materialien gesammelt, die sich im Bedarfsfall zu Attacke oder Verteidigung verwenden ließen.) Carl Siebel, ein entfernter Verwandter von Engels, wurde nach Genf geschickt, um Material über

Vogts politische Aktivitäten aufzutreiben. Zur Genfer Politik ließ sich Marx auch Details von dem dort lebenden zwielichtigen Journalisten Georg Lommel liefern, den er danach finanziell entschädigen musste. Marx schrieb Dutzende Briefe, um Auskünfte einzuholen. Mahnungen von Engels, die Sache abzuschließen, solange sie noch aktuell sei, und vor allem die Fortsetzung von *Zur Kritik der politischen Ökonomie* zu schreiben, brachten ihn nicht davon ab, sich in den Kampf gegen Vogt zu verbeißen.

Da sich in Deutschland kein Verleger fand, wurde das Buch an einen Verlag in London gegeben, doch musste Marx das wirtschaftliche Risiko tragen. Der Absatz stockte bald. Ende 1861 musste Marx eine Nachzahlung an den Verlag leisten und erhielt ca. 330 Exemplare (von wahrscheinlich 1000) zurück. Insgesamt kostete ihn das Buch etwa 50 £; hinzu kamen noch die Anwaltskosten, ca. 70 Taler, und weitere Aufwendungen. Das meiste übernahm Engels, auch Wolff, Lassalle und Hatzfeldt sowie Sigismund Borkheim leisteten Beiträge. (Borkheim, Veteran der badischen Revolution und anschließend politischer Flüchtling in Genf, lebte inzwischen als wohlsituierter Weinhändler in London.)

Im Vorwort von *Herr Vogt* sagt Marx, er müsse aus «Notwehr» einen Teil der Skandalgeschichte der Emigration darstellen, auch wenn manche nicht begreifen würden, warum er seine Zeit mit der Widerlegung von «Kindereien» verschwende.

In solchen literarisch ausgefochtenen Ehrenhändeln ging es – auf beiden Seiten – um die moralische Vernichtung des anderen. Marx begnügt sich nicht mit dem vermeintlichen Nachweis, dass Vogt für Frankreich arbeite, was sich auch in dessen Rolle in der Genfer Politik an der Seite des Regierungschefs James Fazy gezeigt habe, der ebenfalls stets im Interesse Napoleons agiert habe. Häme trifft alle, die «als Patrone und Mitstrolche» in irgendeiner Weise irgendwann mit Vogt kooperiert hatten. Es ergibt sich eine Kaskade von Verdächtigungen, bei der auch Lesern, die mit Personen und Ereignissen vertraut waren, schwergefallen sein dürfte, den Zusammenhang zu verstehen. Literaturkenner mögen Freude daran gefunden haben, dass Marx seine Invektiven mit Zitaten aus der Weltliteratur, von Hartmann von Aue über Dante und Shakespeare bis zu Goethe und Schiller, veredelte.

Marx' Selbstverteidigung nimmt großen Raum ein. In zwei längeren Passagen geht er auf seine Aktivitäten im BdK von den Anfängen bis zum Kölner Kommunistenprozess ein und betont, dass er sich danach von jeder Organisation ferngehalten habe, wie auch das Schreiben an Engels zur Auflösung des BdK (S. 77) beweise. Auf den entscheidenden Punkt, dass Vogt keinen einzigen Beleg für die angeblichen Erpresserbriefe vorlegen konnte, geht er nur am Rande ein. Dass er von Vogt mit Gruppen in Genf in Verbindung gebracht wurde, mit denen er nichts zu tun hatte, hätte sich kurz darlegen lassen. Marx druckt aber in extenso Briefe ab, dass ‹Schwefelbande› die Bezeichnung für eine Gruppe junger Flüchtlinge in Genf gewesen sei, die sich in feuchtfröhlichen Runden über die Exilpolitiker lustig machten (so Borkheim), diese wiederum nichts mit den ‹Bürstenheimern› zu tun gehabt hätten, was eine Bezeichnung für den, von Willichs ‹Sonderbund› dominierten Genfer Arbeiterverein gewesen sei, so Johann Philipp Becker, ehemals Kommandant der badischen Volkswehren, und der inzwischen in Paris lebende Anwalt Victor Schily, die beide alte Rechnungen mit Vogt beglichen.

Vogt hatte sich nicht entblödet, einen seitenlangen Brief abzudrucken, in dem im August 1850 Gustav Adolph Techow (ein ehemaliger preußischer Offizier, der 1849 zur pfälzischen Militärführung gehört hatte) über ein Gespräch mit Marx und Engels in London berichtet hatte. Der am Ende völlig betrunkene Marx habe seine Verachtung für die Arbeiter und seinen Willen ausgedrückt, alle Konkurrenten erbarmungslos zu bekämpfen. Marx druckt eine lange Mitteilung von Schily, dass Vogt sich mit unsauberen Mitteln in den Besitz des Techow-Briefes gebracht habe, und kann sich nicht enthalten, seine angeblich im Suff gemachten Äußerungen mit Zitaten aus seinen Schriften (*Kommunistisches Manifest*; *Misère de la philosophie*) zu dementieren.

Zudem veröffentlicht Marx einen (von ihm erbetenen) Brief von Dana, in dem dieser ihm bestätigt, seit bald neun Jahren ständig für die NYT als einer ihrer bestbezahlten Korrespondenten tätig gewesen zu sein, womit der Vorwurf widerlegt sei, dass er seinen Lebensunterhalt mit politischen Erpressungen bestreite.

Neuaufbau eines Netzwerkes

Der übermäßige Aufwand, den Marx in der Sache Vogt getrieben hat, mag auch eine Flucht vor den Schwierigkeiten mit dem Ökonomie-Projekt gewesen sein, dürfte sich jedoch am besten damit erklären, dass er die Loyalität alter Verbündeter testen und ein neues Beziehungsnetz aufbauen wollte. Im Vorwort bedankt er sich für Unterstützung nicht nur bei «alten Parteifreunden», sondern auch bei «vielen mir früher fernstehenden und mir zum Teil jetzt noch persönlich unbekannten Mitgliedern der Emigration in der Schweiz, Frankreich und England».

Zu Letzteren zählten J. Ph. Becker, Schily und Borkheim, mit denen Marx fortan in Kontakt blieb und in denen er später Verbündete in der IAA finden sollte. Das heißt nicht, dass Marx damals konkrete Pläne für den Neuaufbau einer Organisation gehabt hätte, wohl aber, dass er sich diese Möglichkeit für die Zukunft offen halten wollte. Was sich aus den öffentlichen Äußerungen nur erschließen lässt, tritt in den Briefen, die Marx in der Causa Vogt schrieb, deutlich hervor. Die Angriffe von Vogt seien eigentlich ein Glücksfall, da sie ihm die Chance böten, so viele neue Kontakte zu knüpfen. Sein Vorgehen gegen die Verleumdungen sei entscheidend «für die historische Vindikation der Partei und ihre spätere Stellung in Deutschland» (an Freiligrath, 23.2.1860). Die Hoffnung, mit *Herr Vogt* die bösen Gerüchte aus der Welt geschafft zu haben, hat sich nicht erfüllt. Im März 1865 sind sie von Bernhard Becker, ehemals Mitglied im Londoner Arbeiterverein und Nachfolger von Lassalle an der Spitze des *Allgemeinen Deutschen Arbeitervereins* (S. 97), wiederholt worden, so dass Marx sich genötigt sah, u. a. nochmals auf die Bangya-Affäre einzugehen. 1871 triumphierte er, als nach dem Ende Napoleons III. Dokumente auftauchten, welche die bis dahin unbewiesene Behauptung belegten, dass Vogt Geld aus Frankreich erhalten habe.

Herr Vogt ist erstmals 1927 nachgedruckt worden, zu größerer Wahrnehmung kam es erst mit der Ausgabe in MEW. Der Text ist insofern eine historische Quelle geworden, als Marx hier, wie verschiedentlich erwähnt, Aussagen zu seiner politischen Biographie machte, die selten hinterfragt worden sind.

Rückkehr nach Preußen?

Die Entwicklung in Preußen seit Beginn der Regentschaft (7.10. 1858) von Wilhelm, Prinz von Preußen, hat Marx aufmerksam beobachtet. Lassalle, der seit 1857 in Berlin lebte, hat Anfang 1860 die Möglichkeit einer gemeinsamen Zeitungsgründung in Berlin ins Spiel gebracht. Marx hatte darauf nicht reagiert. Nach der bald nach der Thronbesteigung Wilhelms I. (2.1.1861) erfolgten Amnestie für politische Vergehen erneuerte Lassalle seinen Vorschlag. Von Holland, wo er mit seinem Onkel einen Vorschuss auf sein Erbe ausgehandelt hatte, reiste Marx nach Berlin und hielt sich Mitte März bis Mitte April 1861 bei Lassalle auf, nahm teil an dessen Leben als Salonlöwe, bei dem prominente Gäste aus Politik, Wissenschaft und Kultur ein und aus gingen.

Unmittelbar nach seiner Ankunft in Berlin stellte Marx am 19. März 1861 beim Polizeipräsidenten den Antrag, als preußischer Staatsbürger anerkannt zu werden. Er könne seine «völlig unabhängige Subsistenz» durch einen Vertrag mit der NYT über seine Tätigkeit als «Mitredakteur» beweisen – eine kühne Auslegung des in *Herr Vogt* verwendeten Schreibens von Dana. Die Amnestie für politische Flüchtlinge müsse die Wiederaufnahme in das Staatsbürgerrecht einschließen, da alle Flüchtlinge von 1849 durch zehnjährigen Aufenthalt im Ausland ihre Staatsbürgerschaft verloren hätten. Er sei durch den preußischen Haftbefehl von 1844 politisch verfolgt gewesen, habe nur deshalb damals seine Staatsbürgerschaft aufgegeben, auch nie eine andere annehmen wollen und 1848 ein entsprechendes Angebot der provisorischen französischen Regierung abgelehnt (eine neue Auslegung des Schreibens von Flocon; S. 43). Die Antwort lautete, die Amnestie bedeute nur Straferlass; Marx habe freiwillig auf seine Staatsbürgerschaft verzichtet, könne als Ausländer einen Antrag auf Einbürgerung stellen. Lassalle, den Marx nach seiner Abreise mit der Wahrnehmung seiner Interessen beauftragt hatte, wurde beim Polizeipräsidenten vorstellig und rang ihm das Eingeständnis ab, dass Marx wegen seiner politischen Haltung keine Chance auf Naturalisation habe. Weitere Interventionen Lassalles beim Innen- und beim Justizminister blieben ohne Erfolg.

Die Sache hatte zwischenzeitlich in der Öffentlichkeit Aufsehen erregt. Marx zeigte sich zufrieden, dass damit Illusionen über die «neue Ära» zerstört worden seien; das ändert nichts daran, dass er einen ernst gemeinten Versuch unternommen hatte.

Über das Zeitungsprojekt ist während Marx' Aufenthalt in Berlin keine Entscheidung gefallen. Allerdings war klar geworden, dass Lassalle, der das Kapital von 20 000 bis 30 000 Talern aufbringen wollte, auf einer gleichberechtigten Stellung mit Marx (gegebenenfalls Marx und Engels) bestand, was für Marx inakzeptabel war. Zudem wäre Engels kaum bereit gewesen, seine Stellung in Manchester aufzugeben, und Jenny und die Töchter wollten in London bleiben.

Lassalle kam im Sommer 1862 zur Weltausstellung nach London. Er lebte wie immer auf großem Fuß, was Marx in Peinlichkeiten angesichts der eigenen Geldnot stürzte. Als er schließlich Lassalle um Geld bat, war er empört, dass dieser eine große Summe nur gegen eine Garantie von Engels zur Verfügung stellte. Ende des Jahres war der Bruch mit Lassalle endgültig.

VIII. Politiker hinter den Kulissen

Nachdem Marx seine journalistische Tätigkeit eingestellt hatte, wollte er sich auf sein ökonomisches Werk konzentrieren, aber der Abschluss verzögerte sich immer mehr. Dafür war neben den inhaltlichen Problemen und den immer häufiger auftretenden Krankheiten auch verantwortlich, dass er von politischen

Aktivitäten nicht lassen konnte, sobald sich Gelegenheit bot. Das war der Fall, als sich die Arbeiterbewegung in Deutschland neu organisierte und es mit der Gründung der *International Working Men's Association = Internationale Arbeiter-Assoziation* (IAA) zu einem übernationalen Zusammenschluss kam.

Lassalles Parteigründung

In Deutschland kam es zu einer Revitalisierung der Arbeitervereine, die sich nach Verfolgungen in den frühen 1850er Jahren auf Bildungsarbeit und gesellige Veranstaltungen hatten zurückziehen müssen. Ein starker Impuls ging vom 1859 gegründeten Nationalverein und der aus ihm 1861 hervorgegangenen Fortschrittspartei aus, die Arbeitervereine als Bündnispartner in der Bewegung für nationale Einheit förderten.

Es gab aber Gruppen, die sich aus der Bevormundung durch die Liberalen lösen wollten. Ein mit der Vorbereitung eines Arbeiterkongresses beauftragtes Leipziger Komitee nahm Anfang 1863 Kontakt mit Lassalle auf, der sich seit dem Vorjahr mit Vorträgen und Publikationen als potentieller Sprecher für die Arbeiter präsentiert hatte. Lassalles programmatische und organisatorische Vorschläge wurden akzeptiert. Am 23. Mai 1863 wurde in Leipzig der *Allgemeine Deutsche Arbeiterverein* (ADAV) gegründet. Dessen Anziehungskraft blieb beschränkt, die große Mehrzahl der Arbeitervereine organisierte sich im *Vereinstag der deutschen Arbeitervereine* (VDAV), der weiterhin auf Kooperation mit bürgerlichen Kräften setzte.

Als Lassalle sich nach einer Agitationstournee im Sommer 1864 zur Kur in die Schweiz begab, kam es zu einer komplizierten Liebesaffäre mit einer jungen Frau, die zu einem Duell mit deren Verlobten führte, an dessen Folgen Lassalle am 31. August 1864 in Genf verstarb. Sein Tod mit 39 Jahren unter diesen Umständen und eine von der Gräfin Hatzfeldt in Gang gesetzte Apotheose machten ihn zu einer Kultfigur.

Bei Lassalles Tod hatte der ADAV kaum mehr als 3500 Mitglieder. Die Programmatik beschränkte sich auf die Forderung nach allgemeinem, gleichem Wahlrecht, nach dessen Verwirklichung man staatlich finanzierte Produktionsgenossenschaften durchsetzen könne (als Alternative zur liberalen, auf Selbsthilfe setzenden Genossenschaftsidee). Gewerkschaftliche Aktivitäten lehnte Lassalle ab. Das (von David Ricardo entlehnte) «eherne Lohngesetz» bedeute, dass sich der Arbeitslohn auf dem Niveau der nackten Existenzsicherung einpendeln werde, Lohnkämpfe deshalb vergeblich seien. Die Organisation war ganz auf den Präsidenten ausgerichtet, zu dem sich Lassalle auf fünf Jahre hatte wählen lassen. Das hatte einerseits rechtliche Gründe (es gab keine Ortsverbände mit Autonomie, um nicht in Kollision mit dem Verbot überlokaler Verbindungen zu kommen), entsprach andererseits der von Lassalle verkündeten Ansicht, ‹diktatorische› Führung durch eine Person mit überlegener wissenschaftlicher und politischer Kompetenz sei notwendig.

Über die Entwicklung innerhalb des ADAV ließ sich Marx von Liebknecht informieren, der nach einer preußischen Amnestie im Sommer 1862 nach Berlin gegangen war und sich im Herbst 1863 dem ADAV angeschlossen hatte, dort eine verdeckte Opposition gegen Lassalle betrieb. Die schon immer von Häme und antijüdischen Invektiven geprägten Kommentare zu Lassalle im Briefwechsel Marx–Engels erreichten ihren hässlichen Höhepunkt. Öffentliche Stellungnahmen vermieden beide, auch noch, als sie nach Lassalles Tod erfuhren, dass dieser geheime Verhandlungen mit Bismarck geführt hatte, von denen er sich die Einführung des allgemeinen Wahlrechts als Gegenleistung für die Unterstützung Bismarcks gegen die Liberalen erhofft hatte.

Marx erkannte die organisatorische Leistung von Lassalle an, war sich wohl auch bewusst, dass ihm selbst die Rednergabe und die Fähigkeit zur Selbstinszenierung fehlten, mit der Lassalle große Versammlungen in den Bann ziehen konnte. Inhaltlich stieß Marx sich vor allem an Lassalles Glauben an den (preußischen) Staat. Er regte sich auf, dass Lassalle sich als ebenbürtiger Theoretiker darstellte, obwohl er nur schlechte Marx-Plagiate produziere. Marx hat dies erstmals 1867 im Vorwort zum *Kapital* öffentlich formuliert, in einer für ihn ungewöhnlich milden Form; Lassalles Verschweigen seiner Quelle sei wohl aus

«Propagandarücksichten» erfolgt. Im ADAV sah Marx weiterhin potentielle Mitglieder der IAA.

Nach Lassalles Tod war Marx von Liebknecht und anderen offeriert worden, dessen Nachfolge anzutreten. Marx hätte sich gern wählen lassen, um dann publikumswirksam abzulehnen. Er erhoffte sich davon eine Stärkung seiner Stellung innerhalb der IAA. Dafür gab es keine Chance mehr, als Mitte Oktober 1864 bekannt wurde, dass Lassalle in einem am Vortag seines Duells aufgesetzten Testament empfohlen hatte, Bernhard Becker zu seinem Nachfolger zu machen. Die ADAV-Mitglieder wählten Becker Anfang November mit überwältigender Mehrheit.

Etwa in dieser Zeit waren Marx und Engels von Johann Baptist von Schweitzer, einem innerparteilichen Konkurrenten Beckers, zur Mitarbeit an einem neuen ADAV-Organ, *Der Social-Democrat*, eingeladen worden. Sie sagten zu. Im Dezember 1864 und Januar 1865 druckte die Zeitung die Gründungsdokumente der IAA in deutschen Fassungen (S. 99). Auf Bitten von Schweitzer schrieb Marx einen Nachruf auf den am 19. Januar 1865 verstorbenen Proudhon (S. 22). Als Schweitzer ab Januar Bismarck-freundliche Artikel veröffentlichte, kündigten Marx und Engels Anfang März 1865 ihre Mitarbeit öffentlich auf; die Arbeiterpartei dürfe nicht mit einem «königlich preußischen Regierungssozialismus» liebäugeln.

Graue Eminenz in der IAA

Die IAA war hervorgegangen aus einer Kontaktaufnahme französischer Arbeitervertreter und englischer Gewerkschaftler während der Londoner Weltausstellung 1862. Die Bekundung zur Zusammenarbeit gerade auf der Ebene der internationalen Politik war angesichts des polnischen Aufstands 1863 erneuert worden. Zur Gründung einer Organisation kam es am 28. September 1864 auf einer großen Versammlung in London, zu der auch Vertreter der deutschen, schweizerischen, polnischen, italienischen Emigranten eingeladen wurden. Die Einladung an Marx war spät und etwas zufällig ergangen; überraschenderweise wurde er auf der Gründungsversammlung zum Mitglied eines provisorischen Lenkungsgremiums gewählt und von diesem in den Unterausschuss delegiert, der Statuten ausarbeiten sollte. Die ersten Sitzungen hatte er versäumt. Als er erfuhr, dass man sich über konkurrierende Vorschläge nicht einigen konnte, erreichte er, dass man ihm die Erstellung einer Vorlage übertrug. Marx legte nicht nur eine Neufassung der provisorischen Statuten vor, sondern auch eine «Adresse» an die Arbeiter Europas, für die er gar keinen Auftrag hatte. Die Texte wurden mit geringfügigen Modifikationen angenommen. Wie bei fast allen späteren Dokumenten der IAA ist die Urfassung auf Englisch vorgelegt worden.

Die «Adresse», später «Inauguraladresse» genannt, trägt in der von Marx hergestellten deutschen Fassung den Titel «Manifest an die Arbeiter Europas». Am Ende steht, wie einst im *Kommunistischen Manifest,* der Appell: «Proletarier aller Länder vereinigt Euch!» Mit dem *Kommunistischen Manifest* hat der Text sonst nichts gemein, von Aufhebung des Privateigentums oder gewaltsamem Umsturz der Gesellschaftsordnung ist keine Rede. Er beginnt mit einer Analyse der Entwicklung Englands seit 1848, wo ein beispielloser ökonomischer Aufschwung mit einer Verelendung der großen Mehrheit der arbeitenden Bevölkerung einhergegangen sei, wie aus amtlichen Materialien zu belegen sei. (Diese Daten hat Marx später auch im *Kapital* verwendet.) Zum düsteren Bild gehöre, dass überall Arbeiterorganisationen unterdrückt worden seien. Aber es gebe auch Lichtblicke. Die in England erreichten gesetzlichen Beschränkungen der Arbeitszeit, die in anderen Ländern übernommen wurden, seien von grundsätzlicher Bedeutung, da sie die Behauptungen bürgerlicher Ökonomen widerlegten, dass solche Eingriffe des Gesetzgebers den Ruin der Industrie herbeiführten. Eine grundlegende Umgestaltung des Wirtschaftssystems sei nur zu erreichen, wenn die sich in den verschiedenen Ländern reorganisierenden Arbeiter die politische Macht eroberten. Die Emanzipation der Arbeiterklassen der verschiedenen Nationen könne nur durch gemeinsames Handeln erreicht werden; im Kampf gegen die Kriegspolitik der Regierungen müsse man die «Geheimnisse der internationalen Politik» aufdecken.

Marx hat ein Programm vorgelegt, das nicht nur jegliche Festlegung auf eine spezifische Spielart des Sozialismus vermied, sondern auch akzeptabel für Organisationen sein sollte, die sich nicht als sozialistisch verstanden. Mit «Eroberung der politischen Macht» hat er einen Programmpunkt ‹eingeschmuggelt›, der weder zur Haltung der englischen Gewerkschaftler noch der der französischen Proudhonisten passte.

Marx hat selbst gefördert, als Verfasser der Inauguraladresse bekannt zu werden, wie es bereits beim Abdruck im *Social-Demokrat* und in anderen Blättern erfolgte. 1868 veröffentlichte der Berliner Journalist Wilhelm Eichhoff ein auf Materialien von Marx gestütztes kleines Buch über die IAA, in dem diese Zuschreibung wiederholt wurde. Für ein englischsprachiges Publikum besorgte dies 1870 ein Artikel des Londoner Historikers Edward Beesly.

Die IAA sollte der wechselseitigen Information über die Entwicklungen in den einzelnen Ländern dienen. Ein jährlich stattfindender Kongress wählte als Lenkungsgremium einen Generalrat mit Vertretern aus allen Nationen, der beliebig weitere Mitglieder kooptieren konnte. Aus seinen Reihen wählte er einen Präsidenten, einen Generalsekretär, einen Schatzmeister sowie korrespondierende Sekretäre für die einzelnen Länder.

Engels hat nach dem Tode von Marx hier den Höhepunkt von dessen politischer Tätigkeit gesehen. Allerdings klagte er auch darüber, dass ihm viele Materialien fehlten. Unmittelbar beteiligt war Engels erst seit Herbst 1870 nach seiner Übersiedlung nach London und Aufnahme in den Generalrat gewesen. Umfassende Dokumentationen der Kongress- wie der Generalratsakten sind erst im Kontext des hundertjährigen Jubiläums in den 1960er Jahren veröffentlicht worden.

Marx' Domäne war der Generalrat, in den er ständig wiedergewählt wurde. Der Sitz blieb in London, obwohl die Kongresse auch einen anderen Ort hätten bestimmen können. Marx wollte keine Führungsposition übernehmen, war nur korrespondierender Sekretär für Deutschland. Er sprach nur für sich, vertrat keine Organisation. Ihm wurde aber die Erstellung fast aller öffentlichen Erklärungen übertragen. Er konnte Texte verfassen, die für Vertreter divergierender Strömungen konsensfähig waren. Zudem genoss er die Autorität des überragenden Wissenschaftlers.

Marx war bei den wöchentlichen Sitzungen des Generalrats einflussreich, aber nicht dominierend. Ohne ‹ordentlichen› Beruf und ohne Verpflichtungen als Funktionär in anderen Organisationen hatte Marx mehr Zeit als andere, war deshalb regelmäßig präsent. Er nutzte öfters auch den Vorteil des ‹Heimspiels›, indem er das Gremium in sein Haus einlud. Es gab auch Phasen, in denen er wegen Krankheit oder Konzentration auf sein wissenschaftliches Werk nicht erscheinen konnte oder wollte. Er verfügte über zuverlässige Verbündete wie die beiden ehemaligen BdK-Mitglieder Johann Georg Eccarius und Friedrich Leßner sowie den Schweizer Hermann Jung. Aus der Arbeit im Generalrat ergaben sich auch familiäre Beziehungen zu den Franzosen Paul Lafargue und Charles Longuet, die zwischen 1866–1868 Mitglieder waren. Lafargue hat 1868 Marx' Tochter Laura geheiratet, Longuet, der als Kommune-Flüchtling wieder nach London gekommen war, 1872 die Tochter Jenny.

Schwer bestimmen lässt sich Marx' Einfluss auf die öffentlichen Jahreskongresse der IAA. Er war in Genf (1866), Lausanne (1867), Brüssel (1868), Basel (1869) nicht anwesend. Krankheit oder Vorrang der Arbeit am *Kapital* sind keine hinreichende Erklärung. Marx war überzeugend im kleinen Kreis, Auftritte vor größerem Publikum lagen ihm nicht. Die Abstimmungsergebnisse in dem immer wieder anders zusammengesetzten Kongress (mit 60–100 Delegierten) waren nicht vorhersehbar. Marx wollte vermutlich seine Rolle als Vermittler zwischen verschiedenen Fraktionen nicht aufs Spiel setzen.

Einfluss nahm er im Vorfeld, indem er für den Generalrat Jahresberichte verfasste, Vorschläge für die Tagesordnung und mögliche Beschlüsse machte, die dann durch Jung, Eccarius oder Leßner vertreten wurden. Ziel war immer, Zuspitzungen zu vermeiden, welche die Einheit der IAA gefährden könnten. Das gelang nicht immer ganz. Der – gegen Marx' Intention – in Brüssel 1868 getroffene und ein Jahr später in Basel bekräftigte Beschluss, landwirtschaftlich nutzbaren Boden, Bergwerke und

Eisenbahnen in Gemeineigentum zu überführen, hätte zum Sprengsatz werden können. In Basel trat 1869 erstmals Michail Bakunin bei einem Kongress auf. Er hatte im Vorjahr in Genf zusammen mit Johann Philipp Becker eine eigene Organisation gegründet, die dann der IAA beigetreten war. Mit seiner Forderung nach Aufhebung des Erbrechts gewann er eine größere (wenn auch für eine Annahme nicht ausreichende) Zahl von Stimmen als die von Marx ausgearbeitete Vorlage, das Erbrecht werde sich mit Überwindung der bestehenden Eigentumsverhältnisse von selbst erledigen; gegenwärtig sei nur eine Erhöhung der Erbschaftssteuern angebracht.

Für Arbeiter(führer), die mehr an praktischen Lösungen als an programmatischen Erklärungen interessiert waren, war die Hilfe wichtiger, welche die IAA bei großen Streiks leistete. Sie organisierte internationale Solidaritätsbekundungen, Geldsammlungen für Streikende, Appelle an ausländische Arbeiter, sich nicht als Streikbrecher einsetzen zu lassen. Dies trug dazu bei, dass in verschiedenen europäischen Ländern und in den USA weitere IAA-Sektionen gegründet wurden. Die Gesamtstärke ist außerordentlich schwer einzuschätzen. Englische Gewerkschaften (mit Schwerpunkt im Raum London und in handwerklich geprägten Branchen, nicht in der Schwerindustrie) stellten über kollektive Mitgliedschaft in den späteren 1860er Jahren ca. 50 000 Mitglieder (bei einer Gesamtzahl von 800 000 Gewerkschaftsmitgliedern), in Frankreich und Belgien soll die Zahl der Mitglieder bis 1870 auf einige zehntausend gewachsen sein, in der Schweiz auf 6000. Sowohl Behörden, welche die von der IAA ausgehenden Gefahren beschworen, als beitretende Vereinigungen hatten Interesse an Übertreibungen. Von allen Seiten wurde die Finanzkraft der IAA gewaltig überschätzt. Die unzureichenden Beitragszahlungen waren ein ständiges Problem.

Eine zweite Arbeiterpartei in Deutschland

In Deutschland konnte die IAA nur schwer Fuß fassen. Der ADAV blieb auf Distanz, aber erste IAA-Sektionen wurden von ADAV-Mitgliedern gegründet, die in Opposition zur Parteiführung standen. Seit Anfang 1866 betrieb Johann Philipp Becker aus Genf die Propaganda für die IAA im deutschsprachigen Raum. Marx war immer unzufrieden, dass Liebknechts Beteuerungen, sich für die IAA zu engagieren, Lippenbekenntnisse blieben. Nachdem Liebknecht 1865 aus Berlin ausgewiesen worden war, hatte er sich in Sachsen niedergelassen und war in Verbindung mit dem Drechslermeister August Bebel getreten, der eine führende Rolle im Leipziger Arbeiterverein und im VDAV spielte. Beide gründeten im August 1866 die Sächsische Volkspartei, die sich als Schwesterorganisation der süddeutschen Volkspartei verstand, am Bündnis mit liberalen Kräften festhielt und eine dezidiert antipreußische Haltung einnahm. Als Bebel und Liebknecht auf dem VDAV-Kongress im September 1868 eine Erklärung zur grundsätzlichen Übereinstimmung mit den Zielen der IAA durchsetzten, kam es zum Austritt der Liberalen. Die Mehrheit des VDAV, zu der eine Minderheitsfraktion des ADAV stieß, gründete im August 1869 in Eisenach die *Sozialdemokratische Arbeiterpartei* (SDAP), die sich zum Zweig der IAA erklärte. Man wollte das Prestige der IAA für die eigene Partei in Anspruch nehmen.

Zuvor hatten sich beide Parteien um Unterstützung durch Marx bemüht, der aber im Interesse der IAA Neutralität wahrte. Marx hielt es für kurzsichtig, dass Liebknecht und Bebel nach 1866 den Kampf gegen die kleindeutsche Lösung unter preußischer Führung fortsetzten. In seinen Augen ergaben sich hier neue Chancen für die Arbeiterbewegung.

Schweitzer, jetzt ADAV-Vorsitzender, hat Anfang 1868 um Marx mit einer ausführlichen Artikelserie über das *Kapital* geworben und ihn als Ehrengast zum Hamburger ADAV-Kongress im August eingeladen. Marx lehnte ab, tat dies im folgenden Jahr auch mit der Einladung zur Eisenacher Gründungsversammlung. Der offizielle Anschluss der «Eisenacher» (SDAP) an die IAA entschied dann die Sache. Da nach geltendem Recht nur individuelle Mitgliedschaft möglich war, war die praktische Bedeutung nicht groß. Die Gesamtzahl der deutschen Mitglieder ist über einige hundert nicht hinausgekommen.

Der Deutsch-Französische Krieg

Internationale Solidarität der Arbeiterorganisationen im Falle von Kriegen war einer der Zentralpunkte der IAA. Die Frage wurde akut angesichts des Deutsch-Französischen Krieges. Der Generalrat hat in einer von Marx verfassten Erklärung vom 23. Juli 1870 Frankreich zum Aggressor erklärt. Innerhalb der SDAP war man sich nicht einig. Bei der Abstimmung über die Kriegskredite im Reichstag des Norddeutschen Bundes hatten sich Liebknecht und Bebel am 21. Juli enthalten; als Mitglieder der IAA könnten sie nicht zustimmen. Der Braunschweiger Ausschuss, de facto der Parteivorstand der SDAP, sah dagegen Deutschland im Verteidigungskrieg, bat deshalb Marx Ende August um eine Stellungnahme. Marx begrüßte einen bevorstehenden deutschen Sieg, warnte aber vor den aufkommenden Forderungen nach einer Annexion von Elsass-Lothringen. Mit einem deutschen Sieg werde der Schwerpunkt der Arbeiterbewegung von Frankreich nach Deutschland wandern. Die Stellungnahme von Marx ist nur in den Auszügen bekannt, die der Braunschweiger Ausschuss in seiner Erklärung gegen eine Annexionspolitik am 5. September (nach dem Sieg von Sedan und der Gefangennahme Napoleons) publik gemacht hat. Als Urheber wird «einer unserer ältesten und verdientesten Genossen in London» genannt. Marx war aufgebracht, dass auch der Satz zu Deutschland als künftigem Zentrum der Arbeiterbewegung zitiert worden war; er habe einen Privatbrief geschrieben, nicht als Sekretär der IAA. Seine Befürchtung, der damit indizierte Rollenkonflikt werde öffentlich aufgegriffen, hat sich als unbegründet erwiesen, wahrgenommen wurde in Deutschland wie in Frankreich die Absage an die Annexionspolitik.

Eine von Marx in der zweiten Septemberhälfte formulierte neue Stellungnahme der IAA gegen die Annexion enthielt auch eine deutliche Mahnung an die Adresse der französischen Arbeiter, sich nicht in revolutionäre Abenteuer zu stürzen.

Die Pariser Kommune

Die weitere Entwicklung in Frankreich war oft Gegenstand von Diskussionen im Zentralrat der IAA. Zu einer öffentlichen Stellungnahme kam es erst nach dem Pariser Aufstand vom 18. März 1871, mit dem die IAA als Organisation nichts zu tun hatte.

Seit dem 19. September 1870 war Paris von deutschen Truppen eingeschlossen. Während dieser Belagerung radikalisierten sich Teile der Nationalgarde in Paris. Sie forderten Fortsetzung des Krieges um jeden Preis, lehnten Waffenstillstandsverhandlungen und die Wahl einer Nationalversammlung ab. Angesichts der aussichtlosen militärischen Lage schloss die provisorische Regierung einen Waffenstillstand am 28. Januar 1871, musste dafür die deutsche Forderung erfüllen, eine Nationalversammlung wählen zu lassen. Die Wahlen Mitte Februar erbrachten eine sehr große konservative Mehrheit. Regierungschef wurde Adolphe Thiers. Er schloss am 26. Februar 1871 einen Präliminarfrieden, der die Abtretung Elsass-Lothringens sowie sehr hohe Entschädigungszahlungen vorsah.

Der sich dagegen in Paris formierende Widerstand wurde durch Maßnahmen der Regierung Thiers, welche die mittleren und unteren Schichten der Hauptstadt empfindlich trafen (Wegfall der Besoldung für die Nationalgarde, Aufhebung der Stornierung von Miet- und anderen Schulden), angeheizt. Der Versuch, der Nationalgarde die Kanonen zu entziehen, scheiterte am 18. März, worauf die Regierung sich nach Versailles absetzte, gefolgt von großen Teilen der wohlhabenden Schichten. Das Zentralkomitee der Nationalgarde ließ am 26. März eine Wahl zu einem Pariser Stadtrat (*commune*) durchführen, die mit einem deutlichen Sieg linker Kräfte, Republikaner und Sozialisten unterschiedlicher Couleur, endete. Am 1. Mai wurde nach dem Vorbild von 1793 ein «Wohlfahrtsausschuss» etabliert, der anstelle der vom Stadtrat gebildeten Ausschüsse faktisch die Regierung der Stadt an sich zog. Unbedingte Verteidigung gegen eine Einnahme durch Regierungs- oder deutsche Truppen war das Ziel. Vom 21. bis 28. Mai 1871 fand die Rückeroberung durch Regierungstruppen statt, die (auch als Rache für Geiselerschießungen und Brandstiftungen von Seiten der Kommunarden) ein Blutbad anrichteten, dem 15 000 bis 20 000 Personen, darunter Frauen und Kinder, zum Opfer gefallen sein sollen.

Die Kommune als Idee

Der Generalrat der IAA hatte am 28. März Marx mit einer Adresse an das «Volk von Paris» beauftragt. Eine Solidaritätsbekundung hätte schnell erfolgen müssen. Aber Marx lieferte den Text nicht, schlug stattdessen am 18. April eine Botschaft an die IAA-Mitglieder aller Länder vor. Dass auch sie ausblieb, begründete Engels danach mit Marx' Gesundheitszustand, der sich durch die Arbeit an diesem Text noch verschlimmert habe. Am 30. Mai, zwei Tage nach Ende der Kommune, präsentierte Marx nach dem üblichen Verfahren mündlich seine Vorlage, die ohne Diskussion einstimmig verabschiedet wurde. Ob alle Anwesenden dem Vortrag eines sehr langen Textes, 38 Druckseiten in heutigen Ausgaben, durchgängig folgen konnten, kann man bezweifeln; sie vertrauten wohl wie üblich auf Marx' Formulierungsgabe. Die Publikation erfolgte am 13. Juni als Erklärung des Generalrats unter dem Titel *The Civil War in France*.

Was Marx damals ‹wirklich› von der Kommune gedacht hat, ist erst viel später bekannt geworden. Einschlägige Briefe an Kugelmann sind 1902, zwei Entwürfe der Adresse mit deutlichen Unterschieden zur Endfassung 1934 veröffentlicht worden. Einerseits war Marx von Anfang an höchst skeptisch, anderseits bewunderte er die Kampf- und Opferbereitschaft der Aufständischen; und er meinte zu wissen, welche Fehlentscheidungen sie getroffen hätten.

Für die zeitgenössische Wirkung ist nur der publizierte Text heranzuziehen, der, adressiert an sämtliche Mitglieder der IAA in Europa und den USA, die Lehren für die Zukunft aus dem gescheiterten Experiment in Paris zieht.

Marx stellt das Vorgehen gegen die Kommune als Klassenkampf von oben dar. Aber er präsentiert keine ‹materialistische› Analyse, sondern prangert die Regierung als verräterische, moralisch verkommene, korrupte Bande an. Von einem Außenminister (Jules Favre), «der in wilder Ehe mit der Frau eines in Algier wohnenden Trunkenbolds» lebt, ist nichts anderes zu erwarten. Gegen Thiers – ein «monströser Gnom» (wegen seiner geringen Körpergröße) und «Virtuose des Meineids und des Verrats» – wird das «Sündenregister» aus vierzigjähriger politischer Tätigkeit aufgemacht.

Paris hatte sich laut Marx über Nacht wundersam verändert: Kriminalität und Prostitution waren verschwunden, «und das ohne irgendwelche Polizei». Greuel haben nur die Regierungstruppen begangen, Geiselerschießungen und Brandstiftungen waren legitime Gegenmaßnahmen.

Die Kommune war eine Regierung der Arbeiterklasse, die auch die Unterstützung der Kleinhändler, Handwerker, Kaufleute gefunden hat. Die von ihr getroffenen sozial- und wirtschaftspolitischen Maßnahmen (Stundung von Miet- und Geschäftsschulden, Nachtbackverbot, Übertragung von Betrieben, deren Besitzer geflohen waren, an Arbeitergenossenschaften gegen Entschädigung) interessieren Marx wenig. Mit ihnen war nicht die Behauptung zu belegen, die Kommune habe das Privateigentum an Produktionsmitteln abschaffen und damit «Kommunismus» verwirklichen wollen. Marx' eigentliches Interesse gilt den Organisationsformen einer revolutionären Regierung. Die Arbeiterklasse könne nicht «die fertige Staatsmaschinerie einfach in Besitz nehmen und diese für ihre eignen Zwecke in Bewegung setzen». (Dieser Satz wird im Vorwort zur Neuausgabe des *Kommunistischen Manifests*, Juni 1872, als Quintessenz aus dem Kommune-Experiment zitiert.) Die Kommune stehe für ein System der Selbstregierung, in der die Gewaltenteilung aufgehoben ist, alle Entscheidungen in voller Transparenz fallen, Abgeordnete einem imperativen Mandat unterliegen, Richter und Beamte gewählt (und abberufen) und wie normale Arbeiter bezahlt werden, der Staatsapparat drastisch reduziert, das stehende Heer durch eine Volksmiliz ersetzt, die Kirche enteignet und auf den Status eines privaten Vereins reduziert wird, Unterricht kostenlos und ohne Einfluss von Staat und Kirche stattfindet. Schließlich soll diese Ordnung auf ganz Frankreich übertragen werden, das dann eine Föderation aus vielen Kommunen bilde. Das Modell kommt den Vorstellungen des von Marx immer wieder bekämpften Proudhonismus verblüffend nahe.

Marx sagt nicht, wie die Kommune tatsächlich regiert wurde, sondern was sie gemäß anfänglichen programmatischen Erklärungen hätte werden sollen.

Nach der Niederschlagung der Kommune könne es keinen Frieden mehr zwischen den Arbeitern und ihren Ausbeutern geben, der Kampf werde weitergehen und mit dem Sieg der Arbeiter enden. «Das Paris der Arbeiter, mit seiner Kommune, wird ewig gefeiert werden, als der ruhmvolle Vorbote einer neuen Gesellschaft. Seine Märtyrer sind eingeschreint in dem großen Herzen der Arbeiterklasse.» – Das ist die säkularisierte Fassung von: «Das Blut der Märtyrer ist der Samen der Kirche» (Tertullian). Marx hat in einer Rede Ende September 1871 die Parallele mit den kontraproduktiven Christenverfolgungen im Römischen Reich selbst gezogen. Der Vergleich wurde in den Zeiten des Sozialistengesetzes in Deutschland topisch.

Am Ende geht Marx auf die von der Regierung verbreitete Unterstellung ein, der Aufstand sei von der IAA organisiert worden. Sie sei keine Verschwörerzentrale, aber ihre Mitglieder stünden bei Klassenkämpfen der fortschrittlichen Arbeiter immer im Vordergrund. Indem er – wider besseres Wissen – eine führende Rolle der IAA suggerierte, förderte er deren Ansehen bei allen, die sich mit der Kommune solidarisierten, lieferte zugleich Vorwände für die Kampagnen diverser Regierungen, die ihre Verfolgungen von IAA-Mitgliedern koordinierten und von England, Belgien und der Schweiz die Auslieferung von Kommune-Flüchtlingen forderten. Mit zahlreichen Stellungnahmen namens der IAA prangerten Marx und Engels die Verfolgungen an und forderten Solidarität mit den Flüchtlingen. Im eigenen Namen dementierte Marx Falschmeldungen wie die über seine Verhaftung in Holland oder gar seinen Tod – Zeichen seiner gewachsenen Prominenz.

Marx hat schnell offengelegt, dass er der Verfasser von *The Civil War in France* war. Er gewann durch die Regierungs- und Pressekampagnen, die ihn als Chef der mächtigen IAA darstellten, eine zuvor nie erreichte internationale Bekanntheit – was er durchaus genoss. Er sei nun der am meisten verleumdete und bedrohte Mensch in London, aber: «das tut einem wahrhaft wohl nach der langweiligen zwanzigjährigen Sumpfidylle» (an Kugelmann, 18.6.1871). Marx war in England sicher; aber sein Antrag auf britische Staatsbürgerschaft wurde 1874 wegen seines politischen Rufes abgelehnt.

The Civil War in France hat innerhalb weniger Monate drei Auflagen mit insgesamt 4000 Exemplaren erlebt. Die von Engels besorgte deutsche Übersetzung, *Der Bürgerkrieg in Frankreich*, brachte es in einem Jahr seit der Veröffentlichung im Juli 1871 auf über 8000. Eine französische Fassung erschien 1872; Übersetzungen in einer Vielzahl weiterer Sprachen kamen hinzu. Wohl keine andere Schrift von Marx hat zu dessen Lebzeiten eine größere Verbreitung gefunden. Sie ist aber kaum als Blaupause für eine zukünftige politische Ordnung wahrgenommen worden, als die sie seit dem frühen 20. Jahrhundert in Diskussionen über Rätedemokratie erscheinen sollte. Bei Zeitgenossen wie Bebel und Liebknecht verstärkte *Der Bürgerkrieg in Frankreich* eine schon vorhandene Disposition, eine unüberbrückbare Kluft zwischen Arbeitern und Bourgeoisie festzustellen, den Aufstand als Vorzeichen einer kommenden Entscheidungsschlacht zwischen den Klassen zu deuten. Die Kommune sei an ihrer Ineffizienz gescheitert; es gelte, eine schlagkräftige, disziplinierte Organisation aufzubauen.

Das Ende der IAA

Nach Marx' Vorstellung sollte dies jeweils auf nationaler Ebene geschehen, der IAA aber größere Steuerungskompetenz zukommen als bisher. Die Organisation hatte durch die nachträgliche ‹Okkupation› der Pariser Kommune erheblichen Zuwachs bekommen, besonders in Belgien, Spanien und Italien. Zugleich steigerten sich die Divergenzen über Organisationsformen und Ziele.

Marx wollte nicht mehr nur intellektuelle Galionsfigur, sondern tatsächlich Chef sein. Er setzte durch, dass anstelle des Jahreskongresses nur eine interne Konferenz des Generalrats zusammen mit Delegierten aus verschiedenen Ländern in London stattfand (17.–23.9.1871). Das ließ sich zwar mit den aktuellen Repressionen begründen, aber die Zusammensetzung der Konferenz wurde so gesteuert, dass vor allem Anhänger Bakunins ausgeschlossen waren. Sie waren besonders stark im schweizerischen Jura, aber auch in Italien und Spanien – und heterogener als das Etikett «Bakunisten» suggeriert. Marx hatte Bakunin seit seinem Anschluss an die IAA im Verdacht, die Organisation konspirativ übernehmen zu wollen. Auf der Londoner Konferenz wurde zum einen eine stärkere Kontrolle des Generalrats gegenüber den lokalen Sektionen und nationalen Zusammenschlüssen festgelegt, zum anderen proklamiert, dass die Arbeiterklasse sich als «politische Partei» konstituieren müsse. Marx erklärte ausdrücklich, dass dies auch den Kampf um Parlamentssitze einschließen könne. Das wollten weder die englischen Gewerkschaften, die an der politischen Vertretung durch die Liberalen festhielten, und erst recht nicht die Bakunin-Anhänger, die der Konferenz (zutreffend) die Kompetenz für solche Beschlüsse absprachen, dem Generalrat keine Eingriffe in die Autonomie der Sektionen zugestanden, Parteien und parlamentarische Betätigung ablehnten.

Die Entscheidung musste auf dem nächsten Kongress fallen, der für Anfang September 1872 nach Den Haag einberufen wurde. Marx und Engels wussten, dass ihre Gegner in der Schweiz, in Spanien und Italien die Oberhand gewannen. Für diese war Den Haag schwerer erreichbar als das als Alternative genannte Genf. Bakunin, der in Frankreich und Deutschland mit Verhaftung rechnen musste, hatte praktisch keine Möglichkeit, aus der Schweiz nach Holland zu kommen. Weiter wurden möglichst viele deutsche Teilnehmer zur Unterstützung von Marx mobilisiert, der jetzt zum ersten Mal an einem Kongress teilnahm. Für die Bestätigung der Londoner Beschlüsse über die Bildung politischer Parteien und die vermehrte Kompetenz des Generalrats gab es klare Mehrheiten unter den 65 Delegierten; ebenso für den Ausschluss von Bakunin und von James Guillaume, Führer der mit Bakunin verbündeten Gruppe im Jura. Bakunin habe nicht nur eine geheime Konkurrenzorganisation aufgebaut, sondern sei auch ein Erpresser und Betrüger.

Dass diese Entscheidungen anstanden, war vorher klar gewesen. Völlig überraschend hat Engels den Antrag gestellt, den Sitz des Generalrats nach New York zu verlegen, dies mit der Nominierung dortiger Mitglieder verbunden und zugleich angekündigt, dass Marx und er dem Gremium nicht weiter angehören wollten, da sie der ständigen Attacken müde seien. Nach acht Jahren in London sei ein Wechsel angezeigt, ein anderer Ort in Europa vor behördlichen Zugriffen nicht sicher, New York biete die erforderliche Internationalität. Die grundsätzliche Entscheidung für die Verlegung fiel sehr knapp aus, die anschließende für New York brachte eine größere Mehrheit.

Marx war sich bewusst, dass die Abstimmungserfolge nicht den Mehrheitsverhältnissen in der Organisation entsprachen und dass er in Zukunft einen in London residierenden Generalrat nicht mehr hinter sich gehabt hätte, da ihm die englischen Gewerkschaftler und alte Verbündete wie Eccarius und Jung von der Fahne gingen. Unterstützung durch die «blanquistischen» Kommune-Flüchtlinge, die auf gewaltsamen Umsturz durch eine Geheimorganisation setzten, nahm er in Den Haag in Anspruch, aber auf Dauer konnte er sich nicht mit einer Gruppe verbinden, deren Strategie er für grundfalsch hielt. Marx nahm mit dieser «an Doktor Eisenbart erinnernden Kur» (Liebknecht 1896) lieber die Spaltung der IAA und letztlich ihr Ende in Kauf, als die Organisation in ‹falsche Hände› fallen zu lassen.

Die Gegner der Haager Beschlüsse haben sofort die Gründung einer Gegenorganisation in Angriff genommen, für die sich die Bezeichnung «antiautoritäre Internationale» eingebürgert hat. Sie nahm natürlich ebenso in Anspruch, die legitime IAA zu sein. Die IAA mit Sitz in New York bestand noch bis 1876, die andere nur ein Jahr länger. In den meisten europäischen Ländern konnten beide Fraktionen nicht mehr legal operieren – die nachträgliche Identifizierung mit der Pariser Kommune hatte die Begründung für staatliche Verfolgung geliefert.

Marx und Engels haben anscheinend nach dem Haager Kongress noch eine Zeit lang geglaubt, dass die IAA in den USA ‹überwintern› könne, bis die Zeit für eine Reaktivierung gekommen sei. Wichtiger war ihnen, ihre Position als Leitlinien für die Zukunft festzuschreiben. Engels hat noch längere Zeit «Bakunisten», «Proudhonisten», «Blanquisten», dazu «Lassalleaner» publizistisch bekämpft, immer nach dem Muster, dass es auf die Verehrung der Gründergestalten fixierte «Sekten» seien, welche nicht für die «wirkliche» Arbeiterbewegung sprächen; wenn die Gegner von «Marxisten» sprachen, war das genauso gemeint.

Beobachter der deutschen Sozialdemokratie

Mit dem faktischen Ende der IAA war Marx' Rolle als Politiker beendigt. Er hat sich nur noch selten öffentlich zu politischen Fragen geäußert. Seine Verbindungen in zahlreiche Länder pflegte er weiter, aber die einzige Partei, auf die er – begrenzt – Einfluss hatte, war die SDAP.

Aus den Beziehungen zur deutschen Sozialdemokratie sei nur ein Fall erörtert, der zeigt, welche Spätfolgen eine aktuell wirkungslose Stellungnahme von Marx haben konnte. Sie betraf Fusionsverhandlungen zwischen beiden deutschen Arbeiterparteien. Anfang März 1875 kam man überein, für Ende Mai einen Kongress nach Gotha einzuberufen, auf dem die Vereinigung von ADAV und SDAP beschlossen werden sollte. Entwürfe für ein Programm und ein Organisationsstatut wurden veröffentlicht.

Liebknecht, der die Verhandlungen für die SDAP geführt hatte, hatte Marx und Engels nicht informiert; sie erfuhren davon aus der Presse und reagierten brieflich mit massiver Kritik. Der Entwurf sei eine Konzession an «die Lassallsche Sekte», erhebe vulgärdemokratische Forderungen, bedeute mit der Rede von der «Völkerverbrüderung» eine Absage an die internationale Zusammenarbeit der Arbeiterklasse. Sie drohten, sich mit einer Erklärung zu distanzieren; schließlich würden sie in der internationalen Öffentlichkeit (wenn auch fälschlich) als Lenker der Partei angesehen. Marx schickte Anfang Mai einen Rundbrief an die engere Parteiführung, «Randglossen zum Programm der deutschen Arbeiterpartei», in dem er zu grundsätzlichen Punkten längere Ausführungen machte und die konkreten Forderungen einer sarkastischen Kritik unterzog. Marx war klar, dass die Stellungnahme zu spät kam. Am Ende heißt es, er habe sie geschrieben, um sein Gewissen zu erleichtern.

In Gotha wurde die Vereinigung zur *Sozialistischen Arbeiterpartei Deutschlands* (SAP) beschlossen und der Programmentwurf mit unwesentlichen Modifikationen angenommen. Eine Reaktion aus London blieb aus. Im Oktober 1875 erklärte Engels, sie hätten den Vereinigungsprozess nicht stören wollen; die Kombination aus Phrasen Lassalles und verballhornten Entlehnungen aus dem *Kommunistischen Manifest* sei zwar unsinnig, aber das Programm wirke anscheinend in dem Sinne, dass jeder hineinlese, was er wolle. Mit dieser pragmatischen Bewertung war die Sache erledigt.

Folgen einer Ausgrabung

Anfang 1891 wurden Marx' «Randglossen» von Engels (in leicht entschärfter Form) unter dem Obertitel *Zur Kritik des sozialdemokratischen Programms* veröffentlicht – die heute gängige Überschrift «Kritik des Gothaer Programms» stammt von der Ausgabe 1933.

Engels wollte angesichts der Programmdiskussion der Partei, die sich nach Auslaufen des Sozialistengesetzes im Herbst 1890 *Sozialdemokratische Partei Deutschlands* (SPD) nannte, eine «Bombe» hochgehen lassen, und so wirkte der ohne vorherige Information von Partei- und Fraktionsführung veröffentlichte Text auch. Bebel war über die Herabsetzung des in weiten Teilen der Partei verehrten Lassalle empört, Engels wollte nicht dulden, «dass der falsche Ruhm Lassalles auf Kosten von Marx aufrechterhalten werde» (an Bebel, 1.5.1891).

Die Veröffentlichung hatte eine Marx'sche Konzeption zutage gefördert, die man zuvor in keinem von ihm veröffentlichten Text hatte lesen können. Laut Marx hat das Programm von 1875 zu dem entscheidenden Punkt geschwiegen: «Welche Umwandlung wird das Staatswesen in einer kommunistischen Gesellschaft erleiden? In andern Worten, welche gesellschaftlichen Funktionen bleiben dort übrig, die jetzigen Staatsfunktionen analog sind? Diese Frage ist nur wissenschaftlich zu beantworten [...]. Zwischen der kapitalistischen und der kommunistischen Gesellschaft liegt die Periode der revolutionären Umwandlung der einen in die andre. Der entspricht auch eine politische Übergangsperiode, deren Staat nichts andres sein kann als die revolutionäre Diktatur des Proletariats».

Marx hat die Frage gestellt, aber keine Antwort gegeben zu Dimensionen und Funktionen des Staatsapparats weder während der zeitlich unbestimmten Übergangsperiode noch in der neuen Gesellschaftsordnung. Als Engels im Frühjahr 1891 Marx' *Bürgerkrieg in Frankreich* neu herausgab, schrieb er: «Der deutsche Philister ist neuerdings wieder in heilsamen Schrecken geraten bei dem Wort: Diktatur des Proletariats. Nun gut, ihr Herren, wollt ihr wissen, wie diese Diktatur aussieht? Seht euch die Pariser Kommune an. Das war die Diktatur des Proletariats.» Den Schrecken hatten die «Randglossen» verursacht; zu den Philistern gehörten jene Sozialdemokraten, die sich sofort distanziert hatten, um die gerade wieder erlangte Legalität nicht zu gefährden. Inhaltlich charakterisierte Engels das System der Kommune aber als Reduktion der Staatsgewalt im Gegensatz zum «blanquistischen» Modell einer «diktatorischen Zentralisation aller Gewalt in der Hand der neuen revolutionären Regierung».

Als Engels einige Monate später dem SPD-Parteivorstand eine Kritik an dessen Entwurf für den Erfurter Parteitag (Oktober 1891) vorlegte, nannte er ein anderes Modell für die Diktatur des Proletariats, die «demokratische Republik» in der Zeit der «großen französischen Revolution». Engels' Stellungnahme ist 1901 veröffentlicht worden.

Damit lagen fast alle die Versatzstücke vor, mit denen der (politische) Streit darüber geführt werden konnte, was denn Marx/Engels mit Diktatur des Proletariats gemeint hatten.

Marx' «Randglossen» wurden später wegen eines weiteren Punktes zu einem Grundlagenwerk promoviert. Marx hatte für die Zeit nach Aufhebung des Privateigentums an Produktionsmitteln zwei Phasen unterschieden, eine erste, in der Arbeitsteilung, Erwerbsarbeit, Anteil an den erwirtschafteten Gütern je nach individueller Leistung, Fortbestand des bürgerlichen Rechts noch erforderlich ist, und eine zweite, in der dies alles dank der Entfaltung der Produktivkräfte überwunden ist. Dann gelte: «Jeder nach seinen Fähigkeiten, jedem nach seinen Bedürfnissen!» Man hätte sich wundern können, was die Verwendung eines Zitates von Cabet 1839 über Marx' Vorstellung vom vollendeten Kommunismus besagt.

IX. Ein unvollendetes Hauptwerk

Im September 1867 erschien im Hamburger Verlag Meißner *Das Kapital. Kritik der politischen Ökonomie. Erster Band.* Von einem eigenständigen Werk mit diesem Titel war in Marx' Korrespondenz seit Ende 1863 die Rede gewesen. Im Frühjahr 1865 wurde der Verlagsvertrag über zwei Bände im Gesamtumfang von ca. 800 Druckseiten abgeschlossen. Erst Ende 1866 entschied sich Marx, es zunächst bei einem Band zu belassen, der dann einen Umfang von fast 800 Seiten erreichte.

Das Kapital

Marx stellt *Das Kapital* als Fortsetzung von *Zur Kritik der politischen Ökonomie* vor. Das Programm von 1859, auch «Grundeigentum, Lohnarbeit, Staat, auswärtigen Handel, Weltmarkt» in weiteren ‹Büchern› zu behandeln, wird stillschweigend aufgegeben. Angekündigt werden stattdessen zwei weitere Bände *Kapital*, auf die sich im Text diverse Vorverweise finden.

Ziel sei, das «ökonomische Bewegungsgesetz der modernen Gesellschaft zu enthüllen», also nicht mehr wie 1859 deren «Anatomie» darzustellen. Dafür bedarf es einer Neufassung der Kategorien der Nationalökonomie, welche den Spezifika der kapitalistischen Gesellschaft nicht gerecht werden. Geld, Ware, Arbeit, Preise etc. sind allein im Kontext einer Ordnung zu erklären, in welcher der Arbeiter unter den Bedingungen eines formal freien Vertrages gezwungen ist, seine Arbeitskraft als Ware an den Eigentümer von Produktionsmitteln zu verkaufen. Der Kapitalist zahlt nur, was ein Arbeiter durchschnittlich benötigt, um seiner und seiner Familie Existenz zu erhalten – allerdings keine starre, sondern von kulturellen Bedingungen und gesellschaftlichen Kräfteverhältnissen abhängige Größe. Im Vergleich zu seinem Lohn produziert der Arbeiter einen Mehrwert, der dem Kapitalisten zufällt. Es liegt in der Logik des Systems, nicht an moralischer Verworfenheit des Kapitalisten, diesen Mehrwert zu steigern. Da Verlängerung der Arbeitszeit an physische Grenzen stößt oder wegen gesellschaftlichen Widerstands nicht möglich ist, erfolgt zunehmender Einsatz von Maschinen, der wiederum Arbeitskräfte überflüssig macht, eine industrielle Reservearmee erzeugt. Der dafür erforderliche höhere Kapitaleinsatz lässt sich nur durch immer stärkere Konzentration beschaffen, so dass die dem Kapitalismus ursprünglich immanente Wettbewerbsdynamik verloren geht. Irgendwann werden die pauperisierten Massen dieses System zugunsten eines «freien Vereins freier Menschen, die mit gemeinschaftlichen Produktionsmitteln arbeiten», umstürzen.

Diese Zusammenfassung ist eine extreme Vereinfachung. Sie passt aber dazu, dass bei der unmittelbaren Wahrnehmung in sozialistischen Kreisen die theoretischen Aspekte auf den Punkt der Ausbeutung des Arbeiters reduziert wurden. Größere Beachtung fanden die empirischen Passagen und die politischen Folgerungen. Marx hat die englischen Verhältnisse analysiert, die sich in anderen Ländern zukünftig in prinzipiell gleicher Weise zeigen würden. Er schildert die Entwicklung der Maschinenarbeit, des Fabrikarbeitstags, der Frauen- und Kinderarbeit, der erbärmlichen Lebensverhältnisse der Arbeitermassen – immer gestützt auf amtliche Materialien, deren schonungslose Offenheit er rühmt. Er stellt gegen Ende des Bandes die «sogenannte ursprüngliche Akkumulation» dar, den im 16. Jahrhundert einsetzenden Prozess der faktischen Enteignung des Bauerntums, der überhaupt erst zur Herausbildung der Klassen eigentumsloser Arbeiter und Kapitalbesitzer geführt habe. Diese Differenzierung sei das Ergebnis von Rechtsbrüchen und nackter Gewalt gewesen. Just am Ende dieses Kapitels steht die mit einem Zitat aus dem *Kommunistischen Manifest*, der Kapitalismus werde seine eigenen Totengräber hervorbringen, unterstrichene Prognose, dass die Stunde des kapitalistischen

Privateigentums schlagen werde. «Die Expropriateurs werden expropriiert».

Das wissenschaftliche Werk als Waffe

Bei aller Wissenschaftlichkeit des Werkes schrieb Marx ihm zugleich eine praktische Funktion zu. Marx hat in Korrespondenzen wiederholt betont, das Buch werde «das furchtbarste missile [Geschoss], das den Bürgern [...] noch an den Kopf geschleudert worden ist», so an Johann Philipp Becker (17.4.1867). Der Beweis war in dem Augenblick erbracht, in dem das Buch vorlag. Als Becker ein Exemplar erhielt, bedankte er sich bei Jenny Marx: Das Buch sei für ihn «ein Heiligtum und für die Welt ein Schatz. Leider hat mir der Strudel von Plackereigeschäften für die Assoziation [IAA] kaum Zeit gelassen, ernstlich hinein zu blicken». Er wolle sich deshalb an den zuvor von ihr übermittelten Rat halten, mit einzelnen Kapiteln, besonders dem über die «ursprüngliche Akkumulation» zu beginnen, aus dem die Nutzanwendungen zu entnehmen seien. Diese Leseanleitung hat Becker auch in seinem IAA-Organ *Der Vorbote* als «Brief einer Freundin in London» veröffentlicht. Ein Jahr später forderte Becker «alle strebsamen Geister und Arbeitervereine» auf, diese «Bibel des Sozialismus, dieses Testament des neuen Evangeliums» anzuschaffen.

Es ist eine Altar-, keine Lesebibel. In seinen Erinnerungen hat der Nationalökonom Lujo Brentano beschrieben, wie er auf einer Studienreise 1868/1869 in London den IAA-Funktionär Hermann Jung besucht hat. Jung zeigte ihm sein Exemplar des *Kapitals*; das enthalte die Wahrheit. Als Brentano feststellte, das Buch sei unaufgeschnitten, entgegnete Jung, er habe sowieso keine Zeit zur Lektüre, kenne den Inhalt aus Marx' Vorträgen im Generalrat der IAA.

Liebknecht hat das *Kapital* sofort nach Erscheinen in dem von ihm herausgegebenen *Demokratischen Wochenblatt* als «epochemachendes Werk bezeichnet, das den sozialen Bestrebungen der Arbeiterklasse zum ersten Male eine unerschütterliche wissenschaftliche Grundlage» gebe, aber nichts zum Inhalt mitgeteilt. Er schrieb auch gleich nach London, dass er für eine

Besprechung keine Zeit habe, aber in allen seinen Vorträgen auf das *Kapital* hinweise und Marx als «Ökonom und Politiker» würdige. Bebel hat in seinen Erinnerungen geschrieben, dass er erstmals während einer Haftzeit Ende 1869 Zeit zur Beschäftigung mit dem *Kapital* gefunden habe, das zweite Mal drei Jahre später, wieder in Haft. Das gilt auch für andere sozialdemokratische Politiker.

Auf dem ADAV-Kongress in Hamburg und dem IAA-Kongress in Brüssel sind im August bzw. September 1868 Resolutionen verabschiedet worden, Marx habe sich mit diesem Werk unsterbliche Verdienste um die Arbeiterklasse erworben. Ein oder zwei Redner hatten dies begründet, die Teilnehmer stimmten zu. Auf dem ADAV-Kongress gab es mit dem Vorsitzenden Schweitzer (S. 102) und dem Verleger Wilhelm Bracke immerhin zwei Referenten, die sich im Gegensatz zu Marx' engsten politischen Verbündeten tatsächlich mit dem Werk auseinandergesetzt hatten.

Eine Werbekampagne

Marx hatte angenommen, sein Werk werde von der bürgerlichen Presse und Wissenschaft ignoriert werden (was sich so nicht bewahrheiten sollte). Um diesem Boykott zuvorzukommen, hat Engels über Kugelmann und Carl Siebel in einer Reihe von bürgerlichen Blättern anonyme Rezensionen lancieren lassen, in denen er sich auch den Anschein eines Kritikers gab. In verschiedenen Variationen wird festgestellt: Marx hat der sozialistischen Bewegung die theoretische Grundlage geliefert, was Vorgängern wie Proudhon oder Lassalle nicht gelungen ist; Marx hat in der Analyse des Kapitalismus geleistet, wozu bürgerliche Ökonomen unfähig sind, damit zugleich der deutschen Wissenschaft auch auf diesem Gebiet den Spitzenplatz beschert. Die theoretischen Annahmen von Marx werden nur einmal ausführlicher referiert, ansonsten gibt es die Verweise auf die englischen Verhältnisse. Hübsch ist die Feststellung, Marx sage nicht, «wie es denn eigentlich im kommunistischen tausendjährigen Reich aussehen werde».

Engels hat im Sommer 1869 (anonym) eine biographische

Skizze über Marx in der demokratischen Tageszeitung *Die Zukunft* veröffentlicht. Sie war ursprünglich für das, eine Massenauflage erreichende Familienblatt *Die Gartenlaube* geschrieben worden, was sich dann zerschlagen hatte. Marx, nicht Lassalle ist Begründer der deutschen Arbeiterbewegung; der BdK, nicht der ADAV war die erste Arbeiterpartei; Marx ist führend in der IAA. Das *Kapital* «enthält die Resultate des Studium eines Lebens. Es ist die politische Ökonomie der arbeitenden Klasse, auf ihren wissenschaftlichen Ausdruck reduziert». Eine aktualisierte und erweiterte Fassung veröffentlichte Engels Ende 1877, jetzt mit Autorenangabe, im vom Bracke herausgegebenen *Volkskalender,* von dem über 20 000 Exemplare verkauft wurden. Dieser Text wurde zur oft nachgedruckten oder inhaltlich übernommenen Standardbiographie, auf die sich noch der Großteil der Nachrufe auf Marx stützen sollte.

Die zweite Auflage

Von den vermutlich 1000 Exemplaren *Kapital* sind in gut zwei Jahren knapp 700 verkauft worden, 1871 dann 200, eine Auswirkung von Marx' gestiegener Bekanntheit nach der Pariser Kommune. Der Verleger hat um die Jahreswende 1871/72 angeboten, eine Neuauflage zu einem günstigen Preis herauszugeben. Sie erschien mit einer Auflage von 3000 in Lieferungen von Juli 1872 bis Mai 1873 (die bis 1882 auch verkauft worden sind). Marx galt dies als Beweis dafür, dass sein Werk «Verständnis [...] in weiten Kreisen der deutschen Arbeiterklasse» gefunden habe. Das kann nur für eine verschwindend kleine Zahl bildungswütiger Arbeiter zugetroffen haben. Die politischen Führer hatten, wie erwähnt, keine Zeit, aber auch Intellektuelle in der sozialistischen Bewegung haben sich erst nach Popularisierungen durch Engels mit dem *Kapital* befasst (S. 122).

Für die zweite Auflage hat Marx den Text gründlich revidiert, durch stärke Gliederung und ein ausführliches Inhaltsverzeichnis leserfreundlicher gemacht und mit dem Abschnitt über den «Fetischcharakter der Waren und sein Geheimnis» später berühmte Ausführungen eingefügt.

1872–1875 ist, ebenfalls in Lieferungen, eine französische

Übersetzung erschienen, an der Marx intensiv mitgearbeitet und weitere Revisionen gegenüber dem deutschen Original vorgenommen hat. 1872 kam eine russische Übersetzung hinzu, auf deren Erfolg Marx stolz war. Die russische Zensur hatte keine Einwände gegen ein wissenschaftliches Buch. Es ist auch in Deutschland während der Geltung des Sozialistengesetzes nie verboten worden.

Engels' Editionen

Mehr ist zu Marx' Lebzeiten nicht erschienen. Zur Herausgabe der beiden Folgebände sah sich Engels verpflichtet, der von Marx über den Zustand seiner Manuskripte im Unklaren gelassen worden war. *Kapital*, Band II erschien im Frühsommer 1885, gut zwei Jahre nach Marx' Tod; entgegen seinen damaligen optimistischen Ankündigungen brauchte Engels bis Ende 1894, um Band III fertigstellen zu können. Engels hat in (für damalige Gepflogenheiten) bemerkenswerter Offenheit dargelegt, auf welche Manuskript-Bestände er zurückgegriffen und wie er sie bearbeitet hat.

Für Band II habe er Teile verwendet, die sowohl von 1865–1867 als auch aus den späten 1870er Jahren stammten. Band III beruhe auf Materialien von 1863/64. Engels lässt keinen Zweifel, dass er aus Skizzen und Rohmaterialien durch Überarbeitungen, Umgruppierungen, eigene Zusätze einen Text im «Geist des Verfassers» ‹montiert› hat. Durch Band III wurde zum einen bekannt, dass Marx ein «Gesetz über den tendenziellen Fall der Profitrate» (wegen der erhöhten Kapitalbindung durch Maschinen) formuliert hatte, zum anderen, dass er zum Thema «Klassen» nicht über eine Druckseite mit der Formulierung der Eingangsfrage, was die (notabene drei) «großen gesellschaftlichen Klassen» – Lohnarbeiter, Kapitalisten, Grundeigentümer – ausmache, hinausgekommen war.

Obwohl aus Engels' Editionen der fragmentarische Zustand und jedenfalls in groben Umrissen die frühe Entstehungszeit der beiden Bände hervorging, wurde das *Kapital* von nun an als in sich geschlossene Darstellung wahrgenommen, die durchgängig den letzten Stand der ökonomischen Theorie von Marx repräsentiere. Erst mit Erscheinen von Band III setzte die Grundsatzdebatte in der akademischen Nationalökonomie über die Angemessenheit von Marx' Kapitalismusanalyse ein.

Erst als in MEGA² sämtliche im Zusammenhang mit dem Kapital entstandenen Manuskripte und alle zu Lebzeiten von Marx und Engels erstellten Druckfassungen und autorisierten Übersetzungen von Band I (seit einigen Jahren vollständig) sowie die Marx'schen Exzerpthefte (noch nicht abgeschlossen) ediert worden sind, konnten die Genese der Marx'schen Ökonomie und die möglichen Veränderungen seiner Konzeption ebenso diskutiert werden wie Engels' Rolle als interpretierender Editor. Das ist inzwischen eine ‹Wissenschaft für sich›.

Die Arbeiten der letzten Jahre

Aus der Auswertung der Nachlassmaterialien haben sich Einblicke gewinnen lassen, wie Marx in seinen letzten zehn Jahren seine wissenschaftlichen Interessen weiterverfolgt hat. Er hat verschiedentlich Anläufe gemacht, das *Kapital* abzuschließen, sie aber abgebrochen. Er hat weiterhin Berge von Literatur durchgearbeitet, sich dabei auch neuen Gebieten zugewendet. Besonders interessierten ihn Formen des Kollektiveigentums an Boden. Dabei spielten die Verhältnisse in Russland eine besondere Rolle, denn es gab Debatten unter russischen (Exil-)Revolutionären, ob es von der Dorfgemeinde einen direkten Weg zum Sozialismus ohne die Zwischenstufe Kapitalismus geben könne. Marx ist nicht zu einem klaren Ergebnis gekommen und entsprechenden Anfragen ausgewichen.

Für die kapitalistische Entwicklung erschienen Marx inzwischen die USA wegen ihrer wirtschaftlichen Dynamik und der besseren Verfügbarkeit von aktuellen Daten aufschlussreicher als England. Er informierte sich über neue Entwicklungen auf dem Geldmarkt, bei Aktiengesellschaften und in der Technologie. Er betrieb Studien zu Ethnologie, Geologie, Chemie, Mathematik, wobei nicht klar ist, was noch im Zusammenhang mit der ökonomischen Theorie steht oder eher Flucht aus einem Projekt ist, das nicht mehr abzuschließen war.

Marx nahm so viele neue, in den einzelnen Ländern ganz unterschiedliche Entwicklungen wahr, dass eine Überarbeitung eines alten Textes nicht reichte, sondern neue Untersuchungen notwendig waren (so an N. F. Danielson, 10.4.1879). Welche Revisionen früherer Aussagen er schließlich vorgenommen, ob er noch einen unvermeidbaren Zusammenbruch des Kapitalismus angenommen hätte, kann man nicht wissen. So sehr Marx durch Krankheiten belastet war, auch die inhaltlichen Probleme in Verbindung mit dem eigenen Anspruch an das definitive wissenschaftliche Werk bedingten, dass das *Kapital* ein Torso blieb.

Marx' Leiden und Tod

Marx ist in allen diesen Jahren durch diverse Krankheiten (chronische Bronchitis, Rippenfellentzündung, Leberleiden u. a.) immer wieder in seiner Arbeitsfähigkeit eingeschränkt gewesen bzw. hatte sich durch häufige Aufenthalte in Seebädern oder Kurorten (so 1874–1876 dreimal in Karlsbad, 1877 in Neuenahr) zu erholen gesucht. Der Krebstod seiner Frau Jenny nach schwerem Leiden am 2. Dezember 1881 hat ihn tief getroffen; an der Beerdigung konnte er wegen seines schlechten Gesundheitszustands nicht teilnehmen. Das folgende Jahr ist er fast nur auf Reisen gewesen; bei seiner Tochter Jenny (Longuet) in Argentueil bei Paris, zwei Monate in Algier, ein Monat in Monte Carlo, wieder in Argentueil, schließlich im September am Genfer See. Ab November hielt er sich auf der Isle of Wight auf. Dort erhielt er die Nachricht vom Tod seiner Tochter Jenny im Alter von nur 38 Jahren am 11. Januar 1883. Marx' Zustand verschlechterte sich zunehmend. Am 14. März brach er in seinem Arbeitszimmer zusammen. Als Engels am Nachmittag eintraf, fand er ihn «ruhig und schmerzlos entschlummert». Siechtum sei ihm erspart geblieben. «Zu leben, mit den vielen unvollendeten Arbeiten vor sich, mit dem Tantalusgelüst, sie zu vollenden und der Unmöglichkeit es zu tun – das wäre ihm tausendmal bittrer gewesen, als der sanfte Tod, der ihn ereilt» (an F. A. Sorge, 15.3.1883). Am 17. März wurde Marx neben seiner Frau auf dem Highgate-Friedhof in London bestattet. Auf der Trauerfeier im kleinen Kreis hielt Engels die Hauptrede und würdigte Marx in seiner Doppelrolle als Wissenschaftler und Revolutionär (S. 6). Der Pflege und Mehrung des Marx'schen Werkes widmete sich Engels in den zwölf Jahren bis zu seinem eigenen Tod.

X. Der Urmarxismus

Engels hat nicht nur das *Kapital* (wie auch immer) zum Abschluss gebracht, sondern auch auf vielerlei Art Marx' Ansichten verbreitet.

Anti-Dühring

Noch zu Lebzeiten von Marx erschien Engels' *Herrn Eugen Dührings Umwälzung der Wissenschaft* («Anti-Dühring» nach einer von ihm selbst verwendeten Kurzformel). Der Berliner Privatdozent Dühring hatte sich seit den frühen 1870er Jahren als Erneuerer der Philosophie und Nationalökonomie und Begründer einer sozialistischen Theorie dargestellt. Dies hatte er mit Kritik an Marx verbunden. Dieser sei in einer unfruchtbaren hegelianischen Dialektik befangen, vertrete einen ökonomischen Determinismus, gründe seine Theorie auf eine falsche Lehre vom Mehrwert, habe keine Konzeption für eine zukünftige Gesellschaftsordnung, die er (Dühring) bieten könne. Er traf den wunden Punkt, dass *Kapital*, Band I, seit vielen Jahren ohne Fortsetzung geblieben war.

Dühring fand mit seinen Schriften und öffentlichen Vorträgen große Resonanz in sozialdemokratischen Kreisen. Der junge Intellektuelle Eduard Bernstein sah in Dührings Arbeiten eine Ergänzung von Marx und empfahl sie Bebel. Dieser hat im Parteiorgan *Volksstaat* im März 1874 ein Buch von Dühring als wichtigstes nationalökonomisches Werk nach dem *Kapital* vorgestellt. Der massenwirksame Agitator Johann Most, der eine populäre Kurzfassung des *Kapitals* vorlegte, warb zugleich für Dühring.

Nach längerem Zögern erschien Marx und Engels angesichts der grassierenden «Dühringseuche» (Liebknecht) eine Reaktion angebracht, wenn ihr ‹Theorie-Monopol› nicht nur durch den Kultheros Lassalle, sondern auch durch einen leibhaftigen Konkurrenten gefährdet werden sollte. Engels übernahm diese Aufgabe. «Anti-Dühring» erschien in Fortsetzung im *Vorwärts*, der Zeitung der 1875 entstandenen Partei. Dies zog sich (auch wegen Protest in der Partei) von Januar 1877 bis Juli 1878 hin; zudem gab es eine Buchausgabe von 280 Druckseiten.

Engels will Dühring nicht nur widerlegen, sondern ihm auch positive Aussagen entgegensetzen. Angesichts des breiten Themenspektrums von Dühring bezieht Engels auch zu Fragen Stellung, die weder Marx noch er zuvor in Publikationen behandelt hatten, besonders auffällig bei der Applikation des dialektischen Prinzips auf die «Bewegungsgesetze der Natur». Engels bietet eine Vielzahl knapper Skizzen, etwa zur Entstehung von Klassengesellschaften und zur Abfolge der Gesellschaftsfunktionen, zum Zusammenhang von Ökonomie und Kriegführung vom Mittelalter bis zum Krieg von 1870/71, zur Einordnung frühsozialistischer Theoretiker (Saint-Simon, Fourier, Owen), die als ‹Vorläufer› vereinnahmt werden. Er erläutert Marx' Mehrwert-Theorie und wendet sie auf die periodisch wiederkehrenden Wirtschaftskrisen an, die er ausschließlich als Ergebnis von Überproduktion interpretiert. Die einzige Abhilfe, das erreichte Niveau an Produktivität zu sichern, liegt in der «Vergesellschaftung der Produktivkräfte». Der erste Schritt besteht in der Eroberung der Staatsgewalt durch das Proletariat und die Überführung der Produktionsmittel in Staatseigentum. Der Staat, der nicht mehr Instrument einer Klassenherrschaft ist, verändert damit seinen Charakter, macht sich «überflüssig». Die Gesellschaft kann jetzt ihren Mitgliedern eine nicht nur ausreichende, sondern sich stetig verbessernde materielle Existenz und die «vollständig freie Ausbildung und Betätigung ihrer körperlichen und geistigen Anlagen» garantieren. Der Menschheit gelingt der «Sprung aus dem Reich der Notwendigkeit in das Reich der Freiheit».

Die Wirkung dieser Schrift wurde dadurch verstärkt, dass sie, entschlackt von der Auseinandersetzung mit Dühring, in einer Kurzfassung vorgelegt wurde, zunächst 1880 auf Anregung von Lafargue französisch, *Socialisme utopique et scientifique*, deutsch 1883 als *Die Entwicklung des Sozialismus von der Utopie zur Wissenschaft* in gleich drei Auflagen nacheinander, schließlich erneut 1891. Die Kurzfassung lag bis zu Engels' Tod in 14 Sprachen vor. Erst mit ihr bekamen alle, denen (wie Marx' Schwiegersöhnen Lafargue und Longuet) das *Kapital* schon aus sprachlichen Gründen unzugänglich war, eine Vorstellung von Marx' ökonomischer Theorie. «Anti-Dühring» ist 1886 in erweiterter Auflage erschienen, 1894 in dritter. Zusammen haben beide Schriften bis zu Engels' Tod eine Gesamtauflage von ca. 40000 erreicht, weit mehr als jede andere Schrift von Marx oder Engels. Sie wurden die entscheidenden Aufklärungs- und Erweckungsschriften für die führenden Parteiintellektuellen überall in Europa, Kautsky und Bernstein, den (Exil-)Russen Plechanow, den Italiener Antonio Labriola und viele andere, die erst so einen Zugang zum *Kapital* gewannen. «Anti-Dühring» wurde zum «Lehrbuch des wissenschaftlichen Sozialismus» (Bernstein 1894).

Marx hatte für den «Anti-Dühring» eine Textvorlage für einen Abschnitt zur Geschichte der Nationalökonomie geliefert, den gesamten Text wohl vor Veröffentlichung gekannt. Er hat 1880 die französische Schrift mit einem Vorwort approbiert; es sei eine Art Einführung in den wissenschaftlichen Sozialismus. Man mag bezweifeln, ob Marx alles im eigenen Namen so geschrieben hätte. Dass man ihn mit den Inhalten identifizieren würde, stand außer Frage.

Neuausgaben von Marx-Texten

Engels hat nach Marx' Tod eine Reihe von dessen älteren Texten neu herausgegeben, mit retrospektiven Auslegungen und neuen Nutzanwendungen. Darauf ist im Laufe dieser Darstellung wiederholt hingewiesen worden.

Für die Verbreitung politischer Botschaften wurden die zahlreichen Neuausgaben und Übersetzungen des *Kommunistischen Manifests* zentral. Der Text war seit den frühen 1850er

Jahren infolge der Polizeiaktionen gegen Kommunisten kaum greifbar gewesen. Seit Ende der 1860er Jahre hatte Liebknecht Marx wiederholt zu einer Neuausgabe aufgefordert, möglichst in aktualisierter Form, die sich zur Auseinandersetzung mit dem ADAV eigne. Marx hatte dies abgelehnt. Da der Text im Leipziger Hochverratsprozess gegen Liebknecht und Bebel 1872 als Beweismaterial eingeführt worden war, veröffentlichte Liebknecht ihn im Kontext seiner Dokumentation des Prozesses und setzte damit Marx und Engels unter Druck, ein Vorwort zu liefern (Juni 1872). Es fiel ziemlich distanziert aus. Es handle sich um einen historischen Text, den man nicht mehr ändern könne, dessen «allgemeine Grundsätze im ganzen und großen» noch richtig seien; hingewiesen wurde auf die Konsequenzen, die aus der Pariser Kommune zu ziehen seien (S. 106).

Danach entstanden diverse (Teil-)Übersetzungen, was sich seit Beginn der 1880er Jahre mit der Formierung neuer Arbeiterparteien in verschiedenen Ländern steigerte. Durch Vorworte und Kontrolle der Übersetzungen suchte Engels die Deutungshoheit zu behalten. Er bietet auf die jeweiligen nationalen Publica abgestimmte und von Auflage zu Auflage aktualisierte Lesehilfen. Die Nachfrage nach diesem Text belege, dass er nun «das gemeinsame Programm vieler Millionen von Arbeitern aller Länder von Sibirien bis Kalifornien» sei.

Fast alle Einführungen von Engels zu Schriften von Marx wurden nicht nur separat in deutschen, sondern auch in zahlreichen ausländischen sozialistischen Organen nachgedruckt, oft lange bevor Marx' Texte als Ganzes in Übersetzungen zugänglich wurden.

Die Texte von Marx werden historisiert, aus ihrem Entstehungskontext erklärt, was auch Irrtümer und Fehleinschätzungen verständlich macht; zugleich werden die grundlegenden Erkenntnisse herausgestellt, deren unveränderte Gültigkeit sich in der Anwendbarkeit unter neuen Rahmenbedingungen erweist. Engels' Vorworte dienen der Popularisierung von Marx' Lehren, der Bekämpfung ideologischer Konkurrenz, der Fixierung der historischen Rolle von Marx (und Engels), als Handreichungen zu tagesaktuellen Problemen ebenso wie als programmatische

Stellungnahmen. Gelegenheitsschriften werden zu klassischen Texten erhoben, die sich immer neu interpretieren ließen, wobei Engels' Auslegungen zu einem zentralen Bestandteil der weiteren Wirkungsgeschichte wurden.

Urmarxismus

Durch seine Herausgeberschaften und eine Vielzahl eigener Publikationen (neue Texte sowie Neuauflagen älterer Arbeiten) hat Engels in den zwölf Jahren zwischen Marx' und seinem eigenen Tod den «Urmarxismus» (Ferdinand Tönnies) begründet. ‹Marxist›, ‹Marxismus›, ‹marxistisch› begegnen seit Mitte der 1880er Jahre als positive Selbstbezeichnung, was schließlich auch von Engels übernommen wird. Dass man sich jetzt nach dem Stifter benannte, was zuvor als Ausdruck von Sektierertum gegolten hatte, setzte die Behauptung voraus, anstelle der «vielen, unklaren Sektenevangelien» sei nun «die *eine* allgemein anerkannte, durchsichtig klare, die letzten Zwecke des Kampfes scharf formulierende Theorie von Marx» getreten (Engels 1895).

Engels war die oberste Instanz der Marx-Auslegung, auch durch seine ausgedehnte Korrespondenz mit Sozialisten vieler Länder, die ihn um politischen Rat oder Auskunft in theoretischen Fragen baten. Diese Rolle fiel mit seinem Tod (5.8.1895) weg. Ignaz Auer, faktisch Generalsekretär der SPD, schrieb kurz darauf an Victor Adler, den Vorsitzenden der österreichischen Schwesterpartei: «Wo aber der Alte [Engels] unersetzlich ist, das ist die Bibelauslegung. Bei allem Respekt vor den jüngeren Kirchenvätern, aber die reiche Erfahrung und Autorität Engels' fehlt eben doch auch Kautsky. Ede [Bernstein] aber zweifelt an sich selbst, und Plechanow ist den Massen zu fremd, als daß er Einfluß auf dieselben ausüben könne. Wir werden uns also bis auf weiteres ohne ‹Urquell der Wahrheit› behelfen müssen.» Auch ein Pragmatiker wie Auer glaubte, ohne Bibelauslegung nicht auszukommen.

‹Marxismus› bot die wissenschaftliche Garantie für den Zusammenbruch des Kapitalismus. Wie immer man bis dahin Politik betreiben wollte, Abwarten, Fundamentalopposition, pragmatischer Kampf um Verbesserung der Lage der Arbeiterschaft,

Ringen um eine parlamentarische Mehrheit oder doch gewaltsamer Umsturz – für alles ließ sich bei Marx und Engels etwas finden, je mehr Texte aus ganz unterschiedlichen Zeiten verfügbar waren.

Schlussbemerkung

Wie sich aus diesen Anfängen unterschiedliche Marxismen entwickelt haben, warum eine Spielart zur säkularen Religion und Legitimationsideologie kommunistischer Regimes werden konnte, die nach der Mitte des 20. Jahrhunderts große Teile der Welt beherrscht haben, ob und wieweit sie sich zu (Un-)Recht auf Marx beriefen, ist hier ebenso wenig zu diskutieren wie die Fragen, welche Marx'schen Diagnosen seiner eigenen Gegenwart und welche Prognosen über zukünftige Entwicklungen sich in der Retrospektive bewährt (zu) haben (scheinen). Der Zusammenbruch des «Realsozialismus» hat – entgegen manchen vorschnellen Prognosen – Marx nicht zum ‹toten Hund› gemacht, sondern zu einem ‹Klassiker›, den man einerseits historisieren, in und aus seiner Zeit verstehen kann, bei dem man (auf einer im Vergleich zu seinen Zeitgenossen um ein Vielfaches größeren Textbasis) andererseits Fragen aufgeworfen und Probleme diskutiert findet, die sich immer wieder neu stellen. Welche das sind, hängt von der Diagnostik der je eigenen Gegenwart ab, wie viel z. B. der Industriekapitalismus des 19. Jahrhundert mit den vielfältigen Kapitalismen der Gegenwart (inklusive des von der Kommunistischen Partei Chinas entfesselten) und die damaligen Globalisierungsprozesse mit den heutigen gemein haben. An Literatur zur ‹Aktualität von Marx› ist kein Mangel, zu seinem 200. Geburtstag wird die Konjunktur einen neuen Höhepunkt erreichen, aber auch nach dem dann ‹naturgesetzlich› folgenden Abschwung wird – wenn eine Prognose erlaubt ist – das Thema auf lange Zeit nicht erledigt sein.

Literatur

Textsammlungen und Gesamtausgaben

Aus dem literarischen Nachlass von Karl Marx und Friedrich Engels, 1841 bis 1850, 3 Bde., hg. v. Franz Mehring, Stuttgart 1902 [Auswahl publizierter Artikel, u. a. aus *Rheinische Zeitung*; *Deutsch-Französische Jahrbücher*; *Vorwärts!*; *Neue Rheinische Zeitung*; *Neue Rheinische Zeitung. Politisch-ökonomische Revue*; dazu die Dissertation von Marx].

Der Briefwechsel zwischen Friedrich Engels und Karl Marx, hg. v. August Bebel/Eduard Bernstein, 4 Bde., Stuttgart 1913 [ca. 170 Briefe weggelassen; zudem zahlreiche «Säuberungen»].

Marx/Engels, Gesammelte Schriften 1852 bis 1862, hg. von N. Rjasanoff [David Rjazanov], 2 Bde., Stuttgart 1917 [Texte v. a. aus *New York Tribune* und *Neue Oder-Zeitung*, 1852–1855; zwei weitere geplanten Bde. sind nicht erschienen].

Marx/Engels, Historisch-Kritische Gesamtausgabe. Werke. Schriften. Briefe, hg. v. Marx-Engels-(Lenin)-Institut Moskau, Frankfurt und Moskau 1927–1935 [erschienen sind nur 7 Bde. (bis Ende 1848) der Abt. I: Sämtliche Werke und Schriften mit Ausnahme des «Kapital»; und komplett (und «unzensiert») in 4 Bde. Abt. III: Der Briefwechsel zwischen Marx und Engels] = MEGA[1].

Marx, Die Frühschriften, hg. v. Siegfried Landshut/Jakob Peter Mayer, Leipzig 1932 [Texte bis 1848; andere Textkonstituierung der «Pariser Manuskripte» und der *Deutschen Ideologie* als in MEGA[1]].

Marx/Engels, Werke, hg. v. Institut für Marxismus-Leninismus beim ZK der SED, 39 Bde. und zwei Ergänzungsbände, Berlin 1956–1968, und spätere Ergänzungsbände. [Auswahl, ‹parteiliche› Vorworte und Sachanmerkungen basierend auf der zweiten russischen Werkausgabe, 1954 ff.; Orthographie modernisiert; fremdsprachige Beiträge übersetzt; die Briefbände enthalten neben dem Briefwechsel Marx-Engels auch die von diesen an Dritte gerichteten Briefe, aber nicht die Gegenbriefe] = MEW.

Marx/Engels, Gesamtausgabe, hg. v. den Instituten für Marxismus-Leninismus beim ZK der KPdSU und beim ZK der SED bzw. (seit 1991) v. d. Internationalen Marx-Engels Stiftung, Berlin 1975 ff. [Alle Texte in den Originalsprachen, mit textkritischem und Sachapparat. I. Abt.: Werke, Artikel, Entwürfe; bis Ende 2017 22 von 32 Bde.; II. Abt.: «Das Kapital» und Vorarbeiten (komplett in 15 Bde.); III. Abt.: Briefwechsel (jetzt zusätzlich mit den Briefen von Dritten; bisher Bde. 1–13 bis Ende 1865; Bd. 30, Oktober 1889–November 1890; die übrigen Bde. werden nur digital publiziert); IV. Abt.: Exzerpte, Notizen, Marginalien (bisher 14 Bde.; die meisten übrigen Bde. werden nur digital publiziert)] = MEGA[2].

Für weitere Quellensammlungen, eine Auswahl aus der Sekundärliteratur und den Nachweis von Zitaten siehe www.chbeck.de/Marx-Wissen